懂比爱更重要

告别无效教养的10堂课

路英娣◎著

中国铁道出版社有限公司
CHINA RAILWAY PUBLISHING HOUSE CO., LTD.

图书在版编目（CIP）数据

懂比爱更重要：告别无效教养的10堂课 / 路英娣著 . 北京：中国铁道出版社有限公司，2025. 9. -- ISBN 978-7-113-32605-0

Ⅰ. G78

中国国家版本馆CIP数据核字第202585VV58号

书　　名：懂比爱更重要——告别无效教养的10堂课
DONG BI AI GENG ZHONGYAO：GAOBIE WUXIAO JIAOYANG DE 10 TANG KE

作　　者：路英娣

责任编辑：陈晓钟　　**电话：**（010）51873036
封面设计：宿　萌
责任校对：刘　畅
责任印制：赵星辰

出版发行：中国铁道出版社有限公司（100054，北京市西城区右安门西街8号）
网　　址：https://www.tdpress.com
印　　刷：天津嘉恒印务有限公司
版　　次：2025年9月第1版　2025年9月第1次印刷
开　　本：880 mm × 1 230 mm　1/32　**印张：**9　**字数：**178千
书　　号：ISBN 978-7-113-32605-0
定　　价：49.80元

自序

每一个优秀的孩子，背后都有迹可循。而那条清晰的痕迹，不仅藏在家庭的爱与陪伴中，也蕴藏于生命本真的竞争与进化里。

刚刚结束五天四夜的线下训练营，我带着感动与思考回到家中。那一张张突破自我后灿烂的笑脸，那一个个热泪盈眶的拥抱，不断提醒我教育的本质：不仅是温暖与接纳，更是赋能与唤醒——唤醒一个生命本就具备的、面向未来的竞争力。

每一次与父母和孩子共同度过的密集陪伴日，都让我更加坚信：人，都渴望被真正“看见”。而被看见，恰恰是这世上最温暖的力量。那份被理解的感动，足以融化隔阂的坚冰，让爱的能量重新流动。

我亲眼见证过压抑已久的孩子，如何卸下沉重的盔甲，眼睛里重新闪烁自信的光芒。

我也亲身感受到紧绷的亲子关系，如何一点点融化坚冰，变得柔软而融洽。

我曾目睹父母因孩子一点微小的变化热泪盈眶，也曾被家长不远千里赶来学习的决心深深打动。

我们都希望孩子被温柔以待，但真正的教育，从不是屏蔽风雨，而是教会他们搏击风浪。父母之爱，既要给予“被看见”的温暖，也需传递“敢竞争”的勇气。父母的认知层次，决定了孩子的成长高度——不仅关乎情商品格，也关乎生存视野。一个习惯抱怨的父母，往往难以培养出积极乐观的孩子；一个始终强势、不懂放手的家长，也更容易迎来叛逆的青春，难以收获独立自信的下一代。

在这本书中，我将从情商、智商、逆商、财商四个维度，通过十章的系统内容，融合真实案例与落地方法，提供一套走出无效教养的路径。我们既要教会孩子收放自如、内心有光，也要助他们身赋才华、直面挑战。

教育，是生命影响生命的过程。真正觉醒的父母，不会以爱之名剥夺孩子自主成长的权利，而会选择与孩子共同成长。我们培养孩子，不仅为延续基因与文明，更为他们能在这个充满竞争的世界中，成为心有温度、眼有格局、身有韧性的独立个体。

感谢成书过程中给予我无私支持的伙伴。特别感谢代畅老师为内容整理与润色付出的心血，感谢秦子涵女士为本书精心绘制手绘插图。

谨以此书，献给所有在育儿路上深感疲惫却仍坚持学习的父母。愿你们从这些文字中，既获得拥抱孩子的柔软，也找到放手成长的勇气。

你们的每一次信任，都是点亮家庭未来的星光。

愿这本书，为你照亮前路，赋予力量，让改变从此发生。

露露老师

2025年8月26日

于深圳

目 录

第一课

家庭教育的愿景与目标

01 你想让孩子成为什么样的人

作为家长，你希望孩子成为什么样的人?

这个问题看似简单，却直击每位家长内心最深处的期望与梦想。也许你的答案是希望孩子优秀、富有、健康、幸福，或者成为一个有价值的人。无论答案如何，我相信，每一位家长的终极愿望，都是希望孩子能够健康快乐，拥有富有意义的人生。

作为一名长期从事媒体工作和青少年素质教育的实践者，我深知，在当今快速变化的时代，成功已不再仅仅依赖于信息差或单纯的努力。相反，它更多地取决于一个人的认知水平和成长能力。正如一个成功企业的崛起并非偶然，一个优秀孩子的培养同样是有章可循的。

那么，父母该如何培养孩子呢?

国学大师南怀瑾认为，教育从家开始，学校不过是帮一下忙。确实，父母才是孩子的“活教材”。养育孩子，不仅是一段旅程，更是一场自我修炼。只有不断自我成长、时刻自我觉察的父母，才能跟上孩子成长的脚步，才能看见孩子行为背后的心理需求，才能真正做到“你在我面前，而我真的‘看见’了你”。

事实上，孩子的成长并非只有一种标准。当下的教育环境中，许多家庭将“考上名校”视为唯一标准，但真相是，孩子的成长是多维度的。人品是否高洁，人格是否健康，是否具备创造力与想象力，是否有吃苦精神与勤奋态度，是否有面对挫折的勇气……这些都是衡量孩子成长的重要标准。

经过多年的实践与探索，我将孩子的成长总结为“收”与“放”两个关键维度。

“收”侧重于吸收与输入，主要指吸收知识、培养能力、学习为人处世的方法与技巧，以便更好地适应未来社会。这些内容共同构成了孩子的人格与能力基础。

“放”则侧重于对外在事物或环境的应对，它是在“收”的基础上起作用的，是知识、能力的外显。比如杰出的领导才能、出色的交际能力，或是面对挫折时敢于失去的勇气与翻盘的自信等，它们都是“放”的体现。

当孩子做到收放自如，便能在生活与学习的舞台上游刃有余，也更容易收获健康快乐的人生。

02 家庭教育的关键“四商”

当我们谈论家庭教育时，脑海中首先浮现的往往是作业辅导、成绩排名等表象，但真正的家庭教育，远不止于此。它更像是为孩子安装一套终身受用的“心智操作系统”——这套系统将决定孩子如何理解世界、处理信息以及应对挑战。神经科学研究表明，0~12 岁是这套系统发展的黄金时期，而父母则是关键的“系统架构师”。

那么，父母应为孩子搭建怎样的系统架构呢？

斯坦福大学一项长达 20 年的追踪研究给出了答案：童年时期接受全面素质培养的孩子，成年后的幸福指数比单一注重学业的孩子高出 47%。

再来看看现状：

- 某重点中学内部数据显示：年级前 10 名的学生中，82% 表示“除了学习，什么都不会”。
- 职场调查表明：“90 后”员工离职原因前三位分别是：不会沟通（57%）、抗压能力差（49%）、不会理财（38%）。

这些数据背后，折射出传统教育模式的深层危机。当孩子长大成人时，父母希望他们带着怎样的能力踏入社会？答案显而易见：父母需要培养的是“完整的人”，而非“考试机器”。家庭教育需要有明确的目标，但这个目标不应是单一的“成绩”或“名校”，而应是孩子的全面发展。父母需要从情商、智商、逆商、财商多个维度，助力孩子成长为一个完整的人。

培养孩子就像种树，不能只盯着树干长多高，还得关注根系扎得深不深。成绩固然重要，但让孩子成为一个有温度、有韧性、会生活的人，才是父母最该用心的地方。

综上所述，我认为，为孩子科学搭建系统架构，关键在于孩子“四商”的培养。

一、情商教育：塑造孩子未来的核心竞争力

哈佛大学历时 75 年的“幸福研究”揭示了一个真相：人际关系质量决定了人们 90% 的幸福与满足感。这项对 724 人进行了一

生追踪的研究发现，拥有 3 个以上亲密朋友的人，抑郁风险能降低 65%，良好的人际关系甚至能缓冲经济困境和健康问题带来的负面影响。心理学家阿德勒“人的一切烦恼都是人际关系的烦恼”这一论断，在此得到了印证。

观察现实中两类典型的人生轨迹，这一结论更加清晰可见：一类是成绩优异但性格孤僻的孩子，成年后即便获得高薪工作，却常常感到空虚；另一类是成绩中等但善于与人相处的孩子，工作后拥有温暖且具有支持性的社交关系。研究数据显示，后者的平均幸福指数比前者高出 47%。这充分说明，童年时期建立的良好关系模式，才是孩子未来人生幸福的隐形蓝图。

这种人际交往能力的核心不在于社交技巧，而在于同理心的培养。以邻居家孩子小明为例，他以 92% 的得票率成为班级最受欢迎的人，靠的不是圆滑世故，而是两种关键能力：一是准确识别他人情绪的能力；二是践行“己所不欲，勿施于人”的共情响应能力。这些能力能让孩子在人际交往中建立真诚的连接。

教育的真谛在于为孩子的整个人生奠基。当我们展望孩子的未来时会发现，40 岁的他们不会被人问及小学时的考试成绩，但所有人都会关注他们是否具备温暖他人的能力，以及能否获得世界的温柔以待。这份能力与幸运，正源自童年时期播下的每一颗共情种子。作为父母，不仅要培养孩子的学业能力，更要帮助他们掌握这门通往幸福人生的必修课——情商教育。

二、智商教育：给孩子一把开启幸福人生的金钥匙

现代教育研究揭示了一个关键发现：智商并非一成不变的天赋，而是可以通过科学方法持续开发的潜能。哈佛大学的一项长期追踪研究表明，仅依赖先天智力优势的孩子，其认知发展曲线往往在青春期后趋于平缓；那些掌握了科学学习方法的孩子，认知发展曲线却能保持持续上升的态势。这就像运动员的体能训练，正确的训练方法比先天素质更能决定最终成就。

科学的学习方法能显著提升孩子的认知效率。研究发现，采用元认知策略（即“学习如何学习”）的孩子，其智商测试成绩比同龄人平均高 15~20 分。具体表现为：会自我监控学习过程的孩子，问题解决速度提高 40%；善用思维导图的孩子，知识留存率提升 65%；掌握刻意练习方法的孩子，专业技能掌握速度是普通孩子的 2~3 倍。这些数据充分证明，智商并非固定不变，而是可以通过科学方法持续开发的。

现代教育研究证实，掌握科学学习方法的孩子往往展现出更持久的认知发展潜力。这些孩子在进入高年级后，面对更复杂的知识体系时，可以表现出更强的适应能力。他们的优势不在于初始智商值的高低，而在于拥有持续升级认知能力的“方法工具箱”。这提示我们：与其过度关注智商测试的分数，不如把重点放在培养孩子的学习方法上，这才是提升认知能力的可持续之道。

教育不是一场短跑，而是一场马拉松。与其着急让孩子背多

少单词，不如先培养他爱上学习的感觉。

三、逆商培养：塑造孩子积极乐观的抗挫心态

苏东坡在《定风波》中展现的豁达境界，正是现代心理学所推崇的逆商典范："莫听穿林打叶声，何妨吟啸且徐行。"面对突如其来的暴雨，众人皆狼狈躲避，唯东坡先生从容吟啸前行。

心理学研究表明，高逆商个体面对困境时，其大脑前额叶皮层活跃度较常人高出30%，这种生理优势使他们更善于情绪调节与问题解决。

哈佛大学积极心理学研究进一步证实：高逆商青少年在未来职场中获得晋升的概率是同龄人的2.4倍，生活满意度指数更是高出57%。这正印证了苏东坡示范的生存智慧——真正的豁达并非逃避现实，而是在认清困境本质后依然保持达观。这种心态恰似精神免疫系统，让孩子面对人生风雨时既不失从容，又能汲取前行力量。

父母给予孩子最珍贵的礼物，从来不是为其扫清所有障碍，而是培养其将挫折淬炼为成长契机的能力。当孩子真正建立起这种积极心理机制，便如同怀揣一片永不消散的晴空，纵使外界风云变幻，内心始终能保持自己的生命韵律。

四、财商培养：让孩子理解财富的真正意义

金钱确实不是万能的，但必须承认，良好的经济基础是幸福

生活的重要保障。如何帮助孩子更好地理解金钱呢？与其简单地说“要有钱”，不如教会孩子正确理解和使用金钱，这才是财商教育的核心。

很多家长在教育中存在一个误区：要么将金钱妖魔化，认为“为富不仁”；要么避而不谈，让孩子对金钱缺乏正确认知。实际上，金钱本身并无善恶，关键在于使用它的人。

特别要强调的是，我们追求的不仅是财富积累，更是一种“三赢”的财富观：个人获益、他人受益、社会进步。当孩子既能创造财富，又懂得善用财富时，他们的人生自然会更加丰盈、更有意义。

财商教育的最佳时期是童年，最好的老师是父母。通过日常生活中的理财实践，让孩子早早就明白：金钱不是目的，而是让生活更美好、让世界更美好的工具。这样的财商培养，才是给孩子最宝贵的财富传承。

家庭教育是一场双向奔赴的成长之旅。其关键不仅在于教会孩子知识，更重要的是帮助他成长为一个完整的人。这个过程中，既需要父母的智慧、耐心和爱，也需要孩子的积极投入和努力奋进，最终实现共同成长。

愿每一位家长都能在这场旅程中，与孩子共同成长，收获属于自己的圆满与幸福。

笔记栏

第二课

家庭教育中的思维构建

01 多元思维：思辨力和抗挫力必备思维

你的孩子是否出现过以下这些情况：

秉持“努力一定会有回报”的观念，一旦遭遇失败便情绪崩溃；

坚信“世界绝对公平”，遇到不公平现象就难以释怀；

习惯用“好人”或“坏人”来简单评价他人，忽略了人性的复杂多面。

为什么孩子总是如此“一根筋”呢？

背后的原因在于：孩子的思维模式尚处于“非黑即白”的阶段，缺乏对复杂问题的认知与理解能力。

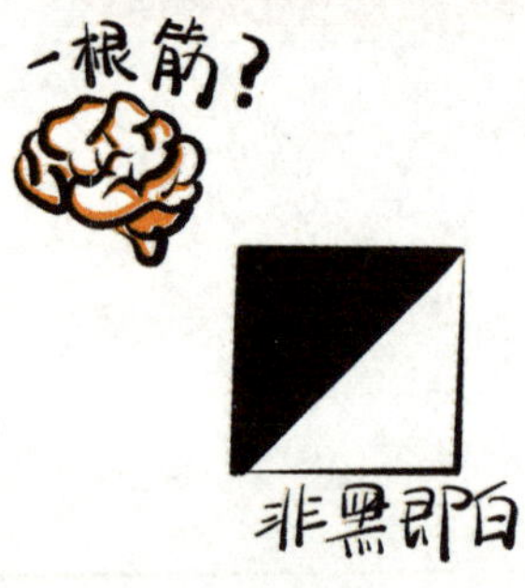

孩子的世界往往单纯而简单，他们习惯用“对与错”“好与坏”来界定事物。然而，现实世界往往是复杂的。多元思维的核心，

便是助力孩子跳出二元对立的思维框架，学会用多元的视角去审视问题。

思辨能力是多元思维的核心要素，它要求孩子不仅能洞察问题的表面现象，还能透过现象洞察本质，理解事物背后的运行逻辑。

在多元思维的引导下，孩子能够看到事物的多面性，理解世界的复杂性，视角从单一走向多元。他们既不会盲目乐观，也不会过度悲观，而是学会在矛盾中寻求平衡。多元思维是孩子未来在社会中生存与发展的重要思维方式，它不仅能帮助孩子更好地适应现实，还能提升他们的抗挫能力和解决问题的能力。

实际生活中，父母该如何培养孩子的多元思维呢？针对不同年龄段，可以采用不同的方法进行训练。

一、6~12岁：玩“侦探游戏”

原理：让孩子通过分析“表面现象”和“隐藏原因”来得分，培养初步的思辨能力。

道具：准备一些卡片，写上孩子生活中常见的问题（如“同学抢了我的玩具”“老师批评了我”，或者“校园矛盾”“零花钱纠纷”等贴近孩子生活的场景）。

玩法：让孩子扮演“小侦探”，分析问题的“表面现象”和“背后原因”。

玩法举例：

场景卡片：“小美今天突然不和我说话了，课间还躲着我。”

孩子任务：分析表面现象和隐藏原因。

表面现象（直接观察到的）：

- 小美不理我，回避眼神接触。
- 她和其他同学说话，但故意不找我。

隐藏原因（侦探推理）：

- 可能 1：我昨天不小心弄坏了她的铅笔，她生气了，但没说。
- 可能 2：有人传了我的坏话，让她误会了。
- 可能 3：她今天心情不好，想一个人静静。

得分点：

- 每列出一个表面现象得 1 分（共 2 分）。
- 每提出一个合理隐藏原因得 2 分（如“弄坏铅笔”贴近生活，得满分；“心情不好”较笼统，得 1 分）。

家长引导：

- 追问：“如果是原因 1，下次可以怎么解决？”（如道歉或赔偿铅笔）
- 强调：“不是所有问题都是你的错，但要学会观察和沟通。”

游戏目标：通过具体案例，让孩子练习从多角度思考人际问题，避免武断归因。

二、13~18 岁：做“社会观察员”

原理：走进社会，在社会环境中引导孩子对细节进行思考，培养孩子的多元思维能力。

任务示例：带孩子去便利店，观察同一商品在不同地方的价格差异。

引导问题：为什么景区的东西更贵？商家是如何定价的？消费者如何做出购买决策？

目标：让孩子撰写一份简单的调研报告，分析背后的商业逻辑。

举例：

“社会观察员”调研报告：矿泉水价格差异分析

今天，我以“社会观察员”的身份走访了三个不同地点的便利店，对550毫升某矿泉水的售价进行了对比调查。在社区便利店标价2元，写字楼下的连锁便利店卖2.5元，而景区门口的商铺则要价5元。通过实地观察和店主访谈，我发现价格差异背后存在有趣的商业逻辑。

景区高价首先源于租金成本，店主透露旺季月租金高达3万元，是社区店铺的5倍。其次存在“消费场景溢价”——游客在口渴时更愿意支付高价。写字楼下便利店的价格则体现了“消费能力定价”，白领群体对价格敏感度较低。而社区店依靠老顾客维持生意，必须保持亲民价格。

通过这次调研，我理解了“位置决定成本，需求影响价格”的商业规律。下次出游时，我会提前在社区店备好饮用水，这就是学以致用的消费者智慧吧！

除了上述练习外，在现代社会，娱乐内容和信息海量涌现，家长要警惕孩子被过度娱乐思维所影响。平时可以适当限制孩子使用电子设备的时间，鼓励他们多读书、多思考，培养其深度思考的能力。除此之外，还可以同孩子一起讨论新闻事件，引导他们分析背后的原因和影响，以此促进其多元思维能力的发展。

总之，多元思维不仅是孩子成长的重要工具，也是家庭教育的核心内容。通过培养孩子的思辨能力和抗挫力，家长可以帮助他们更好地适应社会，在未来立于不败之地。

通过多元思维的训练，孩子不仅能更好地理解世界的复杂性，还能在矛盾中找到平衡，在挫折中看到机会。这种能力不仅是理性思辨的基础，更是未来社会生存的核心竞争力。

让我们陪伴孩子完成这场认知升级的旅程，帮助他们成长为能够驾驭复杂世界的智者吧！

02 系统拆分思维：化繁为简解决问题新视角

运动员是拆分高难度动作的高手，他们通过量化拆解动作流程，聚焦关键点进行科学重复训练；演员则善于拆分剧本，以量化方式捕捉关键细节，开展多维度排练。本质上，他们都掌握了“拆分”这一核心思维。

系统拆分思维的核心，是将问题通过因果分析法量化拆解，追溯本质原因后，借助“杠杆解”打破旧习惯，重建正反馈系统，使事物以更高效率、更高质量运转，最终通过时间积累产生长期价值。

找本质原因—改掉坏习惯—建立正反馈

当我们纵观全局会发现：许多看似无解的问题，实则嵌套在更大的系统中。若不改变系统本身，仅解决局部问题，最终仍会被系统的固有逻辑“拉回”原点。以家庭教育为例，孩子沉迷手机、行为叛逆、做事拖拉等现象，本质上是家庭互动系统、规则体系等整体出了问题，而非单一行为的表象。

一、用系统拆分思维解决问题的核心要点

1. 明确问题：从现象洞察本质

许多家长在面对孩子的问题时，常常仅关注表面现象。例如，孩子挑食，家长可能会强迫孩子食用某种食物；孩子沉迷手机，家长可能会直接没收手机。然而，这些方法往往只能暂时缓解问题，难以从根本上解决。

系统拆分思维的首要步骤是明确问题的本质。例如，孩子挑食可能是由于对某些食物的味道、口感不适应，也可能是因为家长在饮食方面过度控制。孩子沉迷手机或许是因为缺乏更有趣的活动，抑或手机为其提供了逃避现实压力的途径。明确了问题本质，家长才能更有针对性地解决问题。

2. 因果分析：拆解问题根源

因果分析是系统拆分思维的核心工具，它能够帮助家长识别问题的直接原因和根本原因，进而找到解决问题的关键点。

以孩子做事低效为例：

直接原因：孩子做作业时容易分心。

根本原因：环境干扰（如电视、手机）、缺乏时间管理能力、对任务理解不清晰以及缺乏内在动机。

通过因果分析，家长可以发现，单纯要求孩子“专心”并不能解决问题，而是需要从环境、能力、动机等多个维度入手。

3. 量化问题：将抽象转化为具体

许多家长提出的问题较为模糊，缺乏明确指向，导致难以解决。例如，“孩子不爱学习”属于笼统表述，无法直接指导行动。通过量化，可将这类抽象问题拆解为具体、可操作的目标：如每日学习时长不足 1 小时，考试成绩低于班级平均分，对特定科目存在强烈抵触情绪等。量化不仅能帮助家长精准评估问题的严重程度，还能据此制定针对性的改进方案。

4. 寻找杠杆解：以最小投入实现最大成效

杠杆解是指通过改变系统中的关键要素，撬动整体改善。在家庭教育场景中，运用杠杆解可帮助家长高效解决问题，避免无效努力。

例如，针对孩子沉迷手机的问题，可尝试以下杠杆解：

提供替代活动：引入运动、阅读等更具吸引力的活动；

建立规则约束：明确每日手机使用时长限制；

强化情感联结：通过增加亲子互动，减少孩子对虚拟世界的依赖。

5. 构建正向反馈机制：推动改变持续发生

正向反馈机制通过良性循环巩固阶段性成果，进而实现长期价值。在家庭教育中，该机制可助力孩子逐步摆脱不良习惯，建立自律行为。

以提升学习效率为例，可通过以下方式构建正反馈系统：

制订科学计划：根据孩子能力合理安排学习任务；

及时给予肯定：通过表扬、奖励等方式强化积极行为；

阶梯式挑战：逐步增加学习难度，让孩子在成就感中持续进步，从被动改变转向主动成长。

建立正向反馈，可以从简单任务入手。

“天下难事，必作于易；天下大事，必作于细。”再复杂的事情，只要将其拆分、拆分，再拆分，理论上都能分解到容易上手的具体动作。在此基础上行动，更容易一步步实现目标。

比如你想学习写作，假如要求你每天写一篇小文章，你可能会觉得做不到。但要是每天让你在纸上写下一行字，这就相对容易完成了。

你可能会问，这么简单的事情有什么意义？意义可大了。因为你对自己做出了一个非常小的承诺，并且兑现了这个承诺。每次你兑现承诺时，实际上就建立了一个承诺与兑现的良性循环。兑现承诺能让你产生信任感，这种信任感会促使你进一步做出承诺，而进一步的承诺又会带来更进一步的兑现。如此，这个循环就会像滚雪球一样不断壮大。随着“雪球”越滚越大，你的成就感和掌控感也会越来越强，渐渐地，你就会步入正向反馈的轨道。

二、用系统拆分思维帮孩子建立正向反馈机制

要帮助孩子建立良性循环的正向反馈机制，我们可以从系统

角度分析。以孩子沉迷手机这一行为为例，孩子对手机的依赖本质上源于两个相互作用的因素：模仿学习机制和替代活动缺失。

一方面，从神经科学角度来看，孩子对成人玩手机行为的模仿，实际上是人脑镜像神经元系统的自然反应。这种特殊的神经机制会让孩子无意识地复制大人的行为模式，而大脑的情绪记忆系统又会将使用手机时获得的愉悦体验——比如游戏带来的成就感、社交软件给予的被关注感——转化为持续的行为驱动力。要想打破这种循环，杠杆解是重构孩子的情绪记忆系统，这需要家长首先调整自身行为，减少手机使用，转而带孩子体验阅读的乐趣或体育运动的活力，用真实的互动取代虚拟的刺激。

另一方面，当孩子的日常生活缺乏足够丰富有趣的替代选择时，手机自然成为填补空虚的首选。这时，解决问题的杠杆解在于帮助孩子发现和发展自己的兴趣，无论是艺术类的钢琴、街舞，还是运动类的游泳、篮球，重要的是让孩子在这些活动中获得价值感和成就感。通过系统性地创造这些正向体验，孩子的注意力会自然地从手机转向更有意义的现实活动，从而形成自我强化的良性循环。这种基于系统思维的干预方式，不仅解决了表面问题，更能帮助孩子建立持久的内在动力机制。

分析完“沉迷手机”现象，再来看看“挑食”。

孩子挑食行为的形成同样符合系统运作规律。深入分析可见，挑食现象主要源于两个相互影响的系统因素：一是过量零食摄入导致的饱腹感累积，二是运动不足引发的代谢需求下降。这两个因素共同构成了一个负向循环——零食的随时可得性降低了正餐食欲，而久坐少动的生活方式又进一步减弱了孩子的能量消耗需求，最终导致消化功能减弱、进食意愿降低的恶性循环。

要破解这个系统困局，关键在于找准杠杆解：一方面需要控制零食的可获得性，通过调整家庭食物储备结构来减少非正餐时段的能量摄入；另一方面要增加孩子的运动消耗，通过规律的身体活动来自然激发生理性饥饿感。这种双管齐下的干预方式，比单纯追求烹饪技巧的改进更能从根本上重建孩子的健康饮食节律。当孩子的能量消耗与补充进入良性循环后，挑食问题自然迎刃而解。

家庭教育是一个漫长且持续的过程，离不开家长的耐心与智慧。借助系统拆分思维，家长能够摆脱无计可施的空焦虑，面对问题时不再束手无策，最终助力孩子养成良好的习惯，从而更好地成长。

03 情绪调节思维：构建安全感的大脑密码

在家庭教育中，父母或许都曾陷入这样的困境：伴侣疏于参与育儿、育儿观念存在冲突、孩子行为带来挑战，以及外界的各种压力，这些因素不断冲击着我们的情绪防线，最终导致情绪爆发。

一、父母情绪化可能导致孩子注意力不集中、冲动易怒

傍晚六点，你精心准备了一桌饭菜。孩子正沉浸在电视节目中，你轻声呼唤："宝贝，吃饭了。"孩子没有回应。你再次提醒，他依然无动于衷。这时，怒火瞬间被点燃——你冲过去关掉电视，厉声训斥。孩子带着怨气草草扒拉几口饭就说饱了，这更激起了你的愤怒："特意做的红烧肉就吃这么点？我这么辛苦，你就这样？"你一气之下说道："不准吃饭，也不准看电视！"就这样，你进入了"打骂吼"的模式，最终演变成一场激烈的冲突。

这个场景是否让你觉得似曾相识？明明是出于关心，为何会演变成情绪爆发呢？关键在于，负面情绪具有惊人的破坏力，而亲子关系往往首当其冲。

晚餐时孩子沉迷电视，父母从温和提醒到暴怒呵斥的过程，

实际上是大脑杏仁核“劫持”前额叶的典型案例。当父母情绪爆发时，孩子体内的压力激素（皮质醇）水平会急剧升高。研究表明，这种互动模式会导致孩子大脑压力激素水平激增，持续 20 分钟以上的情绪冲突会使海马体记忆功能暂时性下降 40%。长期处于这样的状态，更会导致孩子大脑前额叶发育不良。同时，脑科学扫描显示，经常承受情绪暴力的孩子，大脑前额叶皮层比同龄人薄 6%~8%，而这个区域正是负责自我控制、决策判断的关键部位。这也解释了为什么这些孩子更容易出现注意力不集中、冲动易怒等问题。

二、负面情绪给家庭带来的影响

生活中，人们常将最亲近的人当作情绪宣泄的对象。在家中，由于潜意识里的安全感，当我们受到外界刺激或有压力时，会卸下防备，将最糟糕的一面暴露给家人。若父母把孩子视为“情绪垃圾桶”，这种情绪暴力会在孩子心中埋下隐患，随时间推移可能导致心理稳定性下降、叛逆行为等问题。

情绪心理研究表明：个体的情绪状态直接影响学习效率、记忆能力、辨析力及创造力。当父母频繁对孩子吼叫时，孩子的负面情绪会持续累积，进而导致其心理稳定性逐渐弱化。所谓心理稳定性，指个体维持情绪平衡的能力。缺乏稳定心理的孩子易出现暴躁、叛逆等行为，进入青春期后可能演变为与父母的情绪对抗，甚至出现言语冲突。

更值得警惕的是，这种情绪传染会在家庭中形成恶性循环：

早晨父母的怒吼→孩子带压力上学→课堂注意力分散→成绩下滑引发新冲突……

打破这一循环的关键，在于家长需意识到：每次情绪爆发都在重塑孩子的大脑结构。当情绪即将失控时，可先做深呼吸，给大脑缓冲时间。请记住：家庭应是情绪的避风港，而非压力的传染源。

三、警惕：你的情绪暴力正在被孩子全息复制

情绪暴力最隐蔽的危害在于它的代际传递性。神经科学研究显示，孩子的大脑会通过情绪镜像系统完整复刻父母的情绪处理模式，这种复制精确到了神经突触的连接方式。当父母频繁爆发情绪暴力时，孩子大脑中的镜像神经元会像高精度扫描仪般记录这些反应，并在杏仁核形成固化的情绪回路。

孩子的大脑就像高清摄像机，24 小时记录着父母怎么处理情绪：

爸爸遇到堵车是破口大骂还是深呼吸？

妈妈被领导批评是摔东西还是冷静沟通？

夫妻吵架是互相攻击还是理性解决？

这些画面会直接刻进孩子的“情绪处理程序”里。等孩子遇到类似情况时，大脑会自动调出这些“录像带”回放，不自觉地模仿父母的反应模式。更关键的是，这种“复印效应”在孩子 6 岁

前特别强烈。因为这时候孩子的大脑就像湿水泥，父母的每个情绪反应都会留下深深的印记。等水泥干了（青春期后），想再修改就难了。

四、霍金斯情绪能量层级表：解锁情绪的力量

情绪本质上是流动的心理能量，直接塑造着我们的生命质量。心理学家大卫·霍金斯通过长达 20 年的实证研究，揭示了情绪能量的层级化特征——不同情绪状态对应着特定的能量振动频率。这个影响深远的意识能量图谱总结梳理了近 20 个能量层级，这些能量层级又分为两大类，分别为高层级能量和低层级能量，比如：

高层级能量（200 以上）：

▶开悟（700~1000）：与宇宙合一的超越性体验。

▶仁爱（500）：利他主义带来的精神扩展。

▶勇气（200）：突破成长边界的原动力。

低层级能量（200 以下）：

▶愤怒（125）：攻击性释放的短暂能量。

▶恐惧（100）：收缩生命可能性的枷锁。

►羞愧（20）：能量近乎枯竭的自我否定状态。

其他具体层级，此处不再逐一列出。

这项研究给予我们两大启示：首先，情绪管理本质是能量管理，当自己处于“担心—抱怨—恐惧”的负向循环时，近 80% 的心理能量都消耗在自我对抗中，这正是多数父母教养效能低下的深层原因；其次，每个当下都是能量跃迁的契机——当觉察到自己滑向低能量状态时，只需一个深呼吸的停顿，就能启动能量层级的转换。

请记住：教养孩子的过程，首先是滋养自己的过程。停止在情绪泥沼中自我消耗，将那些原用于精神内耗的能量，转化为对当下的专注投入。这不是说教，而是神经科学验证的路径——前额叶皮层对杏仁核的调控，永远始于此刻的觉知。

五、情绪管理的实用方法

我们不能被情绪左右，而要让情绪成为我们的助力。情绪管理的关键在于接纳而非对抗，首先要接纳情绪的产生，允许情绪存在，专注于当下的行动，而不是强行消除负面感受。

建议家长可以尝试以下方法：

1. 呼吸调节法

深呼吸是一个非常有效的工具。你可能会说深呼吸谁不会？别小瞧它，深呼吸能让我们从交感神经主导的状态切换到副交感神经主导的状态，从生气状态进入平静状态。孩子考试的时候，深呼吸也能帮助他降低焦虑和紧张感。只有了解了它的原理，才能更好地运用它。

采用“4—4—4”呼吸节奏（吸气4秒—屏息4秒—呼气4秒），能快速平复情绪波动。这种通过调节自主神经系统的技巧，同样适用于帮助孩子应对考试焦虑。

2. 场景转换术

当情绪即将失控时，要立即从当前环境中抽离出来，比如从书房走到阳台，或者去楼下散个步、买杯奶茶。空间的转换能有效“重置”大脑状态，防止情绪进一步升级。

3. 建设性表达

很多家长在教育孩子时采用打骂吼的方式，这其实是在宣泄情绪。用语言准确描述自己的感受，而非情绪化的宣泄，才是建设性的表达。例如：“看到作业还没写完，妈妈很担心”比“你怎么这么懒”更有建设性。

这些简单的干预措施，能有效阻断负面情绪的传染链条，保护孩子正在发育中的大脑，同时也能建立更良性、健康的亲子关系。

情绪本质上是人类进化的智慧结晶，情绪并无好坏之分，每一种情绪都有其能量和存在的意义。开心是一种分享的能量，愤怒是一种保护的能量，悲伤是一种疗愈的能量，恐惧是一种保命的能量。当你发怒时，身边的人都会有所忌惮，这便是愤怒的保护能量在起作用。遇到伤心事，痛哭一场，就具有疗伤的能量。恐惧为什么能保命呢？比如你遇到老虎、狮子，若不懂得恐惧，不就被它们吃掉了吗?

父母应当成为孩子的“情绪调节器”，而非“压力源”。当家长能够保持稳定的情绪状态时，孩子大脑中与安全感相关的神经回路会得到显著增强。当我们不再用打骂、吼叫、催促来解决问题，而是通过自我成长来引导孩子时，亲子关系就会成为孩子最坚实的安全基地。要记住：先建立良好的关系，再进行教育。没有良好的情感联结，再好的教育方法也难以发挥作用。

04 会计思维：实现高盈利、低负债的教育

曾有一位担任财务总监的妈妈，她说能分析公司复杂的合并报表，却看不懂儿子的成绩单。这让我想到，其实每个孩子都是一本特殊的“人生账本”，大多数家长却从没接受过“教育会计学”培训。这一节，就让我们用会计思维，重新算算教育这笔账。

一、教育中的负债与盈利

会计学中有负债和盈利的概念，家庭教育中其实也有类似的逻辑。让我们看一组对比数据：

A家庭：每天陪读3小时（高负债），但只是机械监督（低质量投入），孩子自主能力测评仅达同龄人的60%（收益低下）。

B家庭：每天专注陪伴1小时（合理负债），采用启发式教育（高质量投入），孩子综合能力超过同龄人30%（收益可观）。

这就像两家公司：A公司年营收1亿元，但利润率仅1%；B公司年营收5000万元，但利润率20%。孰优孰劣，一目了然。举个接地气的例子：邻居张姐天天炫耀闺女考试100分，但孩子写作业要盯到半夜，遇到难题就哭。这就像开公司只刷销售额，

不管成本和质量，迟早要崩盘。

来看一组触目惊心的数据，中国教育学会调研发现，83.6%的家长在制造“教育坏账”，这就像不断借钱维持经营的公司，表面风光，内里危机四伏。

三年级学生天天的妈妈是位会计，她把记账的思维用在了儿子的学习上，效果出奇的好！天天妈妈没有像其他家长那样逼着孩子死记硬背，而是用了三个妙招。

第一招是“阶梯式专注训练”，就像升级打怪一样：第一周每天专注 15 分钟，第二周加到 20 分钟，最后稳定在 25 分钟。她还搭配沙漏计时和积分奖励，一段时间后，孩子写作业时走神的次数从每天 9 次降到了 3 次。

第二招是把学习变好玩：比如将古诗《望庐山瀑布》编成说唱来记忆，记英语单词时则用客厅的家具当“记忆桩”。这样一来，背诗速度从 25 分钟缩短到 8 分钟，单词也记得更牢了。

第三招更巧妙，每周带孩子去超市实战，让孩子计算“买二送一”到底划不划算；还让孩子参加象棋社团，锻炼逻辑思维。

三个月后，效果惊人：作业时间从两个半小时缩短到一个半小时，考试成绩从班级第 18 名跃升至第 3 名！更让人惊喜的是，天天还自己总结出了学习方法，当上了数学课代表，甚至在学校成立了“记忆大师”社团。

这个案例告诉我们，用对方法比死磕时间重要得多。就像投资一样，选对方向才能获得最大回报。

二、警惕这些“教育负债”

教育中的三大负债——时间“高利贷”、认知透支和情绪坏账，它们犹如滚雪球般危险。起初可能只是偶尔的分心陪伴、一次情绪失控或沿用陈旧教学方法，但这些“小问题”会像利滚利的高利贷一样不断累积：注意力涣散导致学习低效，学习困难引发更多吼叫，情绪压力又进一步损害记忆力……最终，这些教育负债可能会迫使孩子用一生来“偿还”，表现为专注力缺失、思维僵化、情绪管理困难等后遗症。

要破解这个恶性循环，关键在于思维转型——从“负债思维”转向“投资思维”：坚持每周自查自纠，时刻谨记“今日少欠一份教育债，孩子未来就多十分人生资本”。

家庭教育中的三大负债分析

负债项目	时间“高利贷”	认知透支	情绪坏账（最危险的隐形负债）
典型表现	·陪孩子时刷手机 ·人在心不在的陪伴	·用老方法教新世代孩子 ·“我们小时候都这样”式教育	·辅导作业就吼叫 ·把工作怨气带回家
真实代价	·孩子注意力分散度提升 ·亲子关系恶化风险提高	·教育效率下降 ·孩子学习兴趣快速流失	·孩子记忆力受损 ·海马体发育迟缓，成年后抑郁风险提升
破解方案	·每天 30 分钟纯净陪伴 ·手机放隔壁房间	·每月学 1 个新教育理念 ·关注教育类公众号 / 直播课程	·设立“冷静角”（家长孩子各一个） ·实行“情绪暂停键”：生气时先默数 10 秒 ·每周开家庭吐槽大会

三、教育需要科学的“资产配置”和精确的“财务管理”

教育就像经营一家成长型企业，需要科学的“资产配置”和精细的“财务管理”。

对于学龄前的孩子，最佳投资组合是每天安排 2 小时自由玩耍、30 分钟亲子阅读以及 10 分钟生活实践，这就像给幼苗提供充足的阳光、水分和养料。

进入小学阶段，就要调整“资产配置”方案：1 小时高效作业搭配 1 小时体育运动，再加上 30 分钟心灵对话，以此实现知识、体能与情感的三维增长。

到了中学阶段，则要给予孩子更多自主权，让孩子学会自我规划，通过深度讨论和社会实践来提升核心竞争力。

家庭教育也需要记账，家长可以准备一个专属笔记本，在左边记录孩子的“能力存款”——比如今天又掌握了什么新技能，展现出哪些闪光点；在右边记录家长的“教育支出”——投入了多少高质量陪伴时间，采用了哪些科学方法。这种可视化记录方式，能让你清晰看到“教育投资”的回报率。

特别要建立“容错机制”，允许孩子每月有3次“合理犯错”的机会。就像企业计提折旧准备一样，把这些错误存入专门的“错误银行”，让孩子用后续的改进表现来“兑换奖励”。这种充满智慧的“特别折旧法”，既能保护孩子的探索勇气，又能培养其责任意识，让每一次失误都变成成长的阶梯。

讲一个普通家长都能学会的“游戏化教育”案例：

我家小区有个程序员爸爸老李，他女儿小雨最怕写作文，每次写作文都像打仗一样。老李没有像其他家长那样逼迫孩子，而是想出了一个特别聪明的办法——把写作文变成了打游戏！

他是怎么做的呢？方法特别简单：

写作文前先“打怪”：带女儿去超市观察人，这被称作“收集素材宝石”。

列提纲变成“画藏宝图”：用便利贴把要写的内容像寻宝路线一样贴出来。

正式写作是“闯关”：每写一段就奖励一个游戏币（用硬币代替真正的游戏币）。

改作文是“升级装备”：用红笔圈出要修改的地方，这叫作“强化装备”。

最绝的是老李发明的“作文编程法”：

把开头和结尾称作“固定程序”——准备几个万能开头备用；

中间内容是“自定义函数”——根据题目自由发挥；

好词好句则是“插件”——平时积累，随时调用。

三个月后，效果出奇的好：

女儿从“憋不出两句话”到30分钟能写400字；

作文被老师当作范文在全班朗读；

更意外的是，孩子现在连做数学题都会自己“设计游戏关卡”了。

老李说，秘诀就三条：别把学习当成任务，要把它变成孩子感兴趣的游戏；奖励要即时且看得见（他们家用的是真的硬币）；家长要一起玩，不能光指挥。

现在小雨常说的话是：“爸爸，我们今天玩写作文游戏吧！”你看，换个方法，学习就能从“鸡飞狗跳”变成“亲子游戏时间”！

你的家庭“教育账本”现在是什么状态呢？从现在开始，让我们用会计思维，帮孩子做一本健康的人生资产分析表。你现在逃避的每一个教育投入，都可能变成孩子未来的隐形负债；而从现在开始的每一分用心，都是在为孩子的人生报表增加净值。

记住三句话：

最好的教育投资不是银行卡里的余额，而是你今天的用心程度；

每个孩子都是“潜力股”，关键看家长怎么“操盘”；

现在偷的懒，将来孩子要连本带利还。

从现在开始，不妨试试：把手机放远点，陪孩子半小时；每周学个育儿小技巧；生气时先默数 10 秒。这些“小额定期投资”，时间长了收益惊人——毕竟，还有什么比孩子的人生“涨停板”更重要呢？

第三课

亲子关系与家庭环境优化

01 养儿子或女儿，父母各自担任的角色

在养育孩子的过程中，性别差异常让父母不自觉地划分“责任田”。有人觉得，养儿子时，父亲要当“人生教练”，母亲则做“温暖港湾”；养女儿时，母亲成了“气质导师”，父亲化作“守护骑士”。真这么简单吗？下面我们就来共同探寻父母在养育儿女中各自该担的角色。

一、养儿子，父母各自担任的角色

养儿子这件事，父母各自扮演着独特而不可替代的角色。关于儿子的教育，父母肩负着三大核心责任：将毕生积累的智慧与资源传承给孩子，培养孩子卓越的生存能力——包括学习力、抗挫力、创新力和问题解决能力，以及为孩子奠定坚实的人生基础，助其勇敢追梦、展翅翱翔。

在这个过程中，父亲的角色尤为重要。他不仅是生存技能的传授者，更是使命感的塑造者。从家族传承到社会责任，从民族大义到生命意义，父亲要帮助儿子理解这些深层次的使命担当。作为儿子最坚实的后盾，父亲要赋予孩子直面困境的勇气和浴火

重生的能力。

而母亲则以润物细无声的方式滋养孩子的成长。她通过日常互动培养儿子的情绪管理能力，塑造“喜怒不形于色”的沉稳性格。面对复杂问题时，母亲善于化繁为简，引导孩子抓住问题本质，将其分解为可执行的步骤逐一攻克。

在这个信息爆炸的时代，优质的家庭教育能培养出真正的“超级个体”。通过父母的言传身教，儿子将逐步形成健全人格，掌握自主学习的能力，成长为肩负家族使命的新时代男性。切记，最成功的家庭教育不在于复制父辈的人生轨迹，而在于激发孩子开创属于自己时代的能力。

二、养女儿，父母各自担任的角色

在女儿成长的道路上，父母如同双翼，各自承载着不可替代的使命。哈佛大学历时 15 年的追踪研究揭示：父亲陪伴质量高的女孩，成年后抑郁风险骤降 43%，青春期早恋概率锐减 57%，首次性行为时间平均延后 2.3 年。这些数据印证了父亲角色的独特价值。

优秀的父亲应当成为女儿成长道路上安全感的基石与人生标杆。他像一位建造安全感的建筑师，用稳定的陪伴构筑女儿的心灵堡垒；他像一本男性标准的活体教科书，是女儿未来择偶的隐形模板；他又像一名社会竞争的教练员，培养女儿在“丛林法则”中的生存智慧。

事实上，很多时候，女儿的幸福会受父亲的为人影响。不重视家庭、不爱护妻子的父亲，可能会让女儿更易遇到缺乏责任感的伴侣。值得注意的是，父亲对待母亲的方式，往往成为女儿未来亲密关系的蓝本。心理学研究显示，目睹家暴的女孩，尽管 90% 立誓“绝不重蹈母亲覆辙”，但其中 68% 仍会无意识地复制原生家庭模式。

母亲在养育女儿中的角色又是什么呢？

母亲对孩子的影响力，犹如一股永不间断的力量，将持续孩子的一生。作为母亲，需要活出真实的自己。母亲习惯传递什么样的能量，孩子就会拥有什么样的人生态度。妈妈松弛而平和，孩子舒展而优秀，这样的家庭定是安宁而幸福的。一个家庭哪怕家徒四壁，只要有一个正直、勤劳、善良、乐观的母亲，这样的家庭就是心灵成长的圣殿。一个精神富足的母亲是孩子一生的福气。

优秀的母亲应当成为情绪气候的调节器，营造稳定温暖的家庭氛围；成为价值观的播种机，通过日常互动传递人生智慧；成为独立人格的雕塑家，懂得适时放手的养育艺术。一个情绪稳定、精神富足的母亲，能为女儿提供终身受用的心理资本。

总体来说，父母的黄金配合法则是：父亲侧重为孩子在外部世界导航，母亲专注孩子的内心世界建设，共同践行“示范教育”。

人工智能以 18 个月为周期迭代，今天的热门职业 10 年后可能消失，我们正目睹人类文明史上最剧烈的变革浪潮。在这个不

确定的时代，家庭教育最深刻的使命已然转变——不再是填充知识的“水桶”，而是点燃热情的“火种”。正如著名教育学家蒙台梭利百年前的箴言：“教育不是灌输，而是点燃火焰。”家长要做的是创造一个自由与秩序并存的环境，让孩子们在探索中自主学习。持续学习的续航力、灵活应变的柔韧度、创新突破的破壁力，才是这个时代的“火种”。

想象一下：你的儿女站在2040年的职场，左手是全息投影的业务导航，显示着尚未被命名的岗位；右手是人工智能的算法模型，那时，他最需要的不是你传授的解题公式，而是敢于打破常规、敢于重塑自我、敢于再次成长的信心与信念。

追本溯源，从原始社会的篝火旁到现代社会的数字世界，家庭教育的本质始终是培养能够适应环境变化的下一代。在这个快速变革的时代，优秀的家庭教育应该为孩子装备持续学习的能力、适应变化的能力、创新解决问题的能力。

02 隔代教育，意见不一致怎么办

中国家庭研究院 2023 年数据显示，70% 的家庭正上演着“三代同堂育儿图景”，其中 65% 的家庭因教育方式不同产生过冲突。当父母忙于工作不得不求助祖辈时，两代人的教育理念碰撞如同齿轮摩擦，虽能推动家庭运转，却难免发出刺耳声响。隔代教育（祖父母参与育儿）的现象越来越普遍，但两代人的教育理念不同，隔代教育可能引发代沟，产生不同的意见和看法，进而导致父母和祖辈之间产生矛盾。如何让传统经验与科学育儿和谐共存？我们不妨从矛盾根源入手，探寻破局之道。

一、冲突根源：代际理念的“时空差”

父母与祖辈的育儿分歧，本质是时代发展的投影。老一辈的“经验育儿”源自物资匮乏年代，吃饱穿暖是首要目标，祖辈更倾向于经验育儿、宠溺、传统教养方式。年轻父母则追求科学育儿、独立性培养、规则建立。这种代际鸿沟集中体现在两大领域：

饮食战场：全麦面包 : 肉松白粥。

规则拉锯：契约精神 : 即时满足。

1. 早餐桌上的“营养战”

以乐乐家为例，每天早上7点，5岁的乐乐家都会上演这样一幕：妈妈准备的全麦面包和牛奶原封不动，奶奶准备的肉松配白粥却吃得精光。这种场景在隔代育儿家庭中几乎天天上演。冲突焦点是妈妈坚持儿童早餐要包含全谷物，但是奶奶认为孩子爱吃才是最重要的。

面对这种情况，我们来看看乐乐妈妈是如何解决的，可以借鉴一下她的成功经验。首先应该与奶奶进行沟通，表明自己的看法和理由，同时尊重奶奶的意见。如果奶奶仍坚持自己的想法，可以逐步引导奶奶了解现代饮食观念的重要性。

周末，乐乐妈妈带着奶奶参加了幼儿园营养讲座，奶奶学习之后便把白粥升级为“彩虹粥”，加入南瓜、紫薯等天然甜味食材，同时还准备了可爱的动物造型餐盒增加趣味性。三个月后，乐乐的全谷物接受度从20%提升到85%，奶奶也学会了查看食品营养成分表。

当理念差异已成事实，与其争论对错，不如寻找融合路径。乐乐家的破局经验，为我们提供了可复制的解决方案。

2. 商场里的“玩具争夺战”

解决了饮食矛盾只是第一步，更大的挑战藏在商场玩具区——这里正上演着规则建立的攻坚战。除了生活习惯，还有教育方式的代际碰撞。当乐乐在商场哭闹要玩具时，妈妈坚持“事先约定不能买”，奶奶却悄悄说：“别哭，奶奶给你买。”当商场玩具区化作教养理念的试炼场，39%的家庭重复着这样的场景。妈妈坚持“契约精神”，提前约定不购物的家庭规则；奶奶施行“即时满足”，通过妥协终止哭闹。

我们来看看乐乐妈妈是如何用三步调解法来巧妙解决的。在全家出门前提前商量好购买规则，做到事前统一，当老人看到孩子哭闹心软时，妈妈说：“记得我们的约定吗？”也就是提前和奶奶做好约定。另外，还有替代满足方案——允许拍照“收藏”，生日时再买。经半年实践，乐乐的无理要求降低78%，奶奶也学会了“延迟满足”教育法，更创新出“存钱罐成长计划”——每完成一项学习任务都可获得一些星星贴纸，集满十张就可以兑换一个小礼物。

父母在和老人意见不同时，请记住即使不同意老人的意见，也要尊重他们的观点，并试图理解他们的想法。不要直接否定他们的观点，要耐心地与他们交流和沟通。及时沟通是解决矛盾的关键。当意见产生了分歧，不要瞪大眼睛和他们大声争吵，而要通过沟通来解决问题，让双方都能够发表自己的观点，并寻求共同点。

二、万能化解公式：黄金沟通法

分享一个万能化解公式，叫“黄金沟通法”：不说“你这样不对”，改说“咱们试试新方法”；用“您看这样行不行”代替“必须听我的”；同时在家里定期举行家庭会议，在放松的氛围里边喝茶边讨论育儿经。

在讨论中，尽量寻找折中的方案。如果两方都不愿妥协，那么可以考虑寻求第三方的帮助，例如找一位双方都信任的中立人来调解。跟生活有关的，尽量尊重爷爷奶奶，可以让爷爷奶奶去管；跟思想、价值观有关的，一定要父母亲自引导。

三、谨防三大隐雷

代际身份混淆：由于孩子大部分时间都跟爷爷奶奶、姥姥姥爷待在一起，他们容易混淆祖辈和爸爸妈妈的身份。孩子错认祖辈为“第二父母”，正确的对策是明确“爸爸妈妈定规则，爷爷奶奶帮照顾”的角色分工。界定清楚职责范围：在教育和生活管理中明确各方职责范围，如爸爸妈妈主要负责学业教育和心理疏导，爷爷奶奶负责日常照护，减少责任混淆导致的冲突。

教育连续性断裂：如果父辈与祖辈的教育方式存在明显差异，可能导致孩子受到的教育和训练缺乏一致性和连续性，导致同一行为今天被允许，明天却被禁止。正确的对策是制定《家庭育儿公约》，并张贴在客厅或家里醒目的位置。

情感绑架陷阱：老人旧式固有的育儿理念和方式可能导致与年轻人产生分歧，甚至出现争吵，使家庭气氛变得紧张。比如老人以“我带的娃比你多”类似的经验压制年轻父母。正确的破局之道是用“我们都很爱孩子”建立情感共同体。与爷爷奶奶交流时应保持温和的语气和耐心的态度，让他们知道你感激他们的贡献和爱，并鼓励他们以现代方式抚养孙子。

在抚养孩子的过程中，无论遇到什么分歧，都要记住保持家庭和睦是最重要的，不要让争论影响家庭关系。在处理问题时，要尽可能地体谅对方的感受，减少伤害和冲突。

隔代育儿就像调制一杯奶茶——科学育儿是茶底，传统经验是奶盖，巧妙融合才能甜而不腻。记住：隔代教育的优势在于能给孩子双倍的爱，关键是要找到传统经验和科学育儿的最佳结合点。就像培育一棵树，既需要现代园艺技术，也离不开传统种植智慧，只有两者融合，才能让孩子茁壮成长。没有完美的育儿方案，只有不断调整的爱心配方。用理解化解矛盾，用创意融合代沟，让祖辈的宠溺成为温暖的底色，让父母的规则化作成长的阶梯，这便是最好的爱心配方。

03 把握爱的界限，让孩子自由成长

很多家长都会有这样的困扰，明明对孩子做到了极致的关心，孩子却表现得很叛逆。其实，在亲子关系中也需要边界感，父母的爱有边界感，才能够让孩子有自由成长的空间，孩子才不会因为父母的过多干预而产生逃避心理。

在一次心理问询中，一个 15 岁女孩用彩铅绘制了一幅画：画面中央是座玻璃房子，屋外站着两个没有五官的大人，屋内女孩的四肢被彩色丝线缠绕着通向屋顶。当问及丝线含义时，她突然情绪崩溃："这些线每天都在收紧，我妈说那是爱，可我觉得快要窒息了……"

这一案例揭开了当代家庭教育最隐秘的伤口——当爱失去界限，亲子关系就会演变成温柔的暴力。中国青少年研究中心 2023 年的数据显示，68% 的青春期冲突源于"过度干预"，而家长对此的认知率仅为 9%。这种认知鸿沟，恰恰印证了发展心理学中的"透明墙效应"：父母总认为自己给予的是全然的爱，却看不见孩子正在用全部能量抵御"爱"的入侵。

一、被蚕食的成长空间

我有一个高中同学，夫妻两人经营了一家超市，同学用 20 年时间演绎了“无边界之爱”的代价。儿子 3 岁背唐诗，5 岁学钢琴，每天精确到分钟的日程表贴在冰箱上。当孩子小学四年级出现拔睫毛的强迫行为时，同学却将医生诊断的“焦虑症”视为谎言：“我天天陪着他，有什么可焦虑的？”

这种控制往往披着温情的外衣。说说同学的日常行为，她会守在琴房外记录练习时间，把儿子考砸的试卷塑封后挂在书房，甚至在孩子房门的猫眼处反装监控探头。“我连他叹气的时长都清楚”，同学的自述里透着令人不安的亲密。直到高考前夕，儿子用美工刀在书桌上、钢琴上刻下了“囚”字，这场以爱为名的围猎才被迫中止。同学给我打电话，每次讲述都泣不成声，整个人充满了无力、委屈和痛苦。

其实，这不是特例。儿童心理学家李玫瑾指出，中国式亲子关系常陷入“共生绞杀”：父母通过过度介入获得存在感，孩子则用自毁反抗隐形操控。这种扭曲的互动模式，早在婴幼儿时期就已埋下伏笔。当18个月大的幼儿试图自己握勺吃饭，多数家长会本能地夺过餐具；当7岁孩童拒绝分享玩具，成人常以“不懂事”的标签压制其物权意识。这些细微的越界行为，经年累月便构筑成困住孩子的玻璃“牢笼”。

二、界限教育的三重哲学

真正的教育智慧，在于懂得在亲密与疏离间找到精妙的平衡点。我之前看到过一个转折性案例：企业家父亲老周在儿子沉迷网游后，没有采取惯常的断网、责骂等手段，而是签订了一份特殊的“游戏协议”。协议规定儿子每天可自主安排两小时游戏时间，但需同时承担三项责任：记录游戏策略思维导图、分析战队成员协作模式、每月提交虚拟货币管理报告。令人意外的是，三个月后，孩子不仅将游戏时长自发缩减，还将项目管理思维迁移到了学业中。

这个案例揭示了界限教育的三重哲学：

1. 空间留白：无为中的有为

中国水墨画讲究“计白当黑”，在家庭教育中，“留白”恰是最具力量的隐性教育。企业家父亲老周与儿子签订的“游戏协议”，本质上是将传统认知中的“禁区”转化为“缓冲区”。当两小时游戏时间成为被许可的自由，反而消解了对抗的张力。这正印证了心理学中的稀缺原理：绝对禁止会强化渴望，适度满足却能降低沉迷风险。

这种留白需要精准的尺度把握：

物理留白：保留独处空间（如约定每周半天的“家庭静默日”）。

决策留白：在安全范围内允许试错（如让孩子自行承担忘带作业的后果）。

情感留白：避免过度情感卷入（如孩子哭泣时不急于安抚，给予自我平复的时间）。

教育学家布洛赫提出的“希望哲学”认为，未完成的空白正是创造力的源泉。就像苏州园林的漏窗，既阻隔了直接窥视，又通过精心设计的孔隙引导视线——好的界限设定，正是通过制造适度的“不完整”，激发孩子自主填补空白的动力。

2. 责任转化：对抗中的共生

老周要求儿子分析游戏策略、管理虚拟货币的智慧，在于将“游戏”这个冲突焦点，转化为培养思维能力的载体。这暗合了神经科学的发现：当任务被赋予“挑战”而非“威胁”属性时，大脑会释放促进学习的多巴胺，而非应激的皮质醇。

实现责任转化的三个关键：

视角转换：把“问题行为”看作待开发的能力（如将顶嘴视为逻辑训练机会）。

价值重构：建立行为与现实的连接（如通过游戏战队协作理解团队管理）。

能量引导：借助兴趣搭建成长阶梯（如用动漫角色设计数学闯关任务）。

这让人想起古人“转祸为福”的智慧。就像都江堰的鱼嘴分水堤，不强行堵截洪流，而是通过分流化害为利。当父母学会用孩子的“问题”反哺其成长，那些叛逆、沉迷、懒散的表象之下，反而可能隐藏着未被识别的天赋与潜能。

3. 信任赋能：控制中的放手

老周协议中最具创新性的，是将监督权让渡给了孩子自己。这种信任不是放任，而是通过制度设计实现的“有保护的自主”。心理学家德西的自我决定理论指出，当人感知到自主权时，内在动机强度可提升300%。那些看似“失控”的放手时刻，实则是大脑前额叶的练兵场——在自主决策中，孩子不断锤炼风险评估、后果预判、自我纠错等核心能力。

构建信任系统的三个维度：

认知信任：“我知道你能判断轻重。”（如允许中学生自主管理手机）。

情感信任：“我接受你可能会犯错。”（如孩子摔碎碗时说“收拾也是一种学习”）。

发展信任：“我期待你超越我的认知。”（如支持孩子选择冷门专业）。

这种“有限自由”的养育模式，在脑神经科学层面得到印证。青少年大脑的负责情绪中枢的杏仁体发育早于负责理性中枢的前额叶，这解释了为什么越是被禁止的事物越具诱惑力。智慧的界限设定不是筑墙，而是开渠——给予适度的释放空间，同时引导能量流向建设性方向。

三、把握边界，给予孩子适度的爱

健康的爱需要“第三者”的存在。这个第三者可以是兴趣爱好、私人空间，甚至是适度的冲突。就像育苗时需要间苗保持生长间距，亲子之间也必须留出让阳光照进来的缝隙。德国海德堡大学的追踪研究显示，在“有限亲密”家庭中成长的青少年，其情绪调节能力比“完全亲密”组别高出 53%，这种优势在 25 岁后会转化为更稳定的人际关系和职业成就。

那么，父母在陪伴孩子成长时，如何把握边界呢？

设定界限的本质，其实是父母对自身焦虑的驯服。

把握边界，需要家长完成三个认知跃迁：从“塑造者”到“观察者”的角色转换，从“即时矫正”到“长效培育”的思维转型，从“情感依附”到“精神独立”的关系进化。最重要的教育原则是，不要过度爱惜时间，要适当“浪费”时间。这里的“浪费”，实则是给予生命自然生长的奢侈。当父母学会在爱中保持克制，孩子才能真正获得征服星辰大海的勇气。

之前在电视台做主持人的时候，曾走访荒山防护林，我遇见一个震撼画面：为防止沙棘幼苗因过度保护长势孱弱，护林员会定期用铁锹拍打树苗，这种“挫折培育法”让根系深入地下 8 米。

10 年后，这些伤痕累累的树，反而成了最坚韧的防风卫士。

家庭教育何尝不是如此？家长需要有智慧地撤退，在守护与放手之间找到动态平衡点。教育的真谛，在于让孩子在经历适度风雨的过程中，长出自己的生命韧性。

那些恰到好处的界限，那些忍痛给予的自由，终将在岁月中化作孩子生命深处的年轮。当我们不再执着于制造完美盆景，而是养育一株会自己寻找阳光的树，或许这才是爱的最高形态——我深爱着你，所以愿意成为你身后静默的地平线。

04 单亲家庭的孩子和留守儿童更需要阳光

心理学普遍认为，家不仅是个人生活的起点，更是人格形成的源头。婚姻家庭关系越牢固，教育子女的条件就越优越。和谐的家庭生活是孩子心理发展正常、健康的必要条件，也是育人的起点和基点。

数据显示，中国农村留守儿童中，近半数来自单亲家庭。他们像被命运剪断引线的风筝，一边承受父母离异的创伤，一边在孤独中等待遥远的亲情。更令人担忧的是，这些孩子的心理问题发生率是非留守儿童的3倍以上——自卑、攻击性、厌学，甚至自残行为屡见不鲜。当“留守”与“单亲”的双重标签叠加，我们不禁要问：如何让这些孩子走出阴影，拥抱阳光？

作为一名家庭教育从业者，我深知在这样的家庭环境中成长的孩子可能会面临怎样的心理挑战。

对孩子而言，家是他们成长的土壤，更是健康心理与人格发展的起点。

当单亲家庭成为既定事实，意味着单亲父母在家庭教育中需要付出更多努力：积极关注孩子的情感发展，及时调整教育方法，给予孩子适度的关爱。此时，父母一定要更加关注和关心孩子，让他们感受到即便父母分开，自己得到的爱也从未减少。唯有如此，才能弥补孩子心灵所受的创伤。

但遗憾的是，现实中很多离异父母自身已焦头烂额：生活的琐碎、情感的失意纷至沓来，他们自顾不暇，自然也就忽视了孩子关键的成长期和心灵上的抚慰。

所有父母都应记住：自己的问题，不该让孩子来承担。正如会计思维中所强调的，情感缺失也是一种“负债”，不要让父母的过错成为孩子成长中的伤痛。

一、单亲家庭孩子可能会有的心理缺憾

1. 身份认同的迷茫

孩子可能会因父母离异陷入自我身份认同的困境。他们或许会问自己：“如果父母中的一方是‘坏人’，那我是不是也有一部分是坏的？”当父母离异后相互指责、拉扯时，这些行为会让孩子内心充满冲突，进而导致自我认同的混乱。

2. 低价值感与罪恶感

父母离异时，若将自身的负面情绪投射到孩子身上，孩子可能会内化这些情绪，认为自己是父母不幸的根源，从而产生低价值感，甚至滋生罪恶感与愧疚感。这对孩子的成长而言是极大的阻碍，可能导致他们在面临人生重大抉择时犹豫不决，不敢主动争取，最终错失成长的契机。

3. 压力与背叛感

当孩子被迫成为父母冲突的调解者，往往会承受巨大的压力，甚至产生背叛感。他们可能觉得自己被迫选择了一方，却背叛了另一方，内心因此陷入剧烈的冲突与撕扯。我有一个学员，他 13 岁的女儿在日记里写道：“爸爸妈妈离婚后，我好像被撕成了两半。和妈妈住时不敢提爸爸，和爸爸吃饭时不敢聊妈妈。”心理学教授李玫瑾曾指出，单亲家庭孩子的痛苦，往往并非源于父母分开本身，而是来自归属感的割裂。

4. 被抛弃感与耻辱感

当孩子感受到经济支持不稳定时，可能会滋生被抛弃感与耻辱感。这种感觉会影响他们的自尊水平，以及对人际关系的信任度。曾有这样一个案例：12 岁女孩小雨（化名）成绩优异，数学经常考满分，但家长会始终无人出席。原因是她的父母离婚后，爸爸去了外地打工，妈妈重组家庭后便很少联系她。小雨和 70 岁的奶奶住在江西农村，每天放学后独自趴在破旧的木桌上写作业，最害怕同学问起“你爸妈呢？”父母的离婚，已给这个优秀的孩子留下了难以磨灭的心灵创伤。正常情况下，孩子考出这样好的成绩，内心本该充满喜悦，但小雨的“心病”，恰恰是考试后的家长签字和家长会。

二、离异的家长应该掌握的四个教育法则

1. 重建“情感锚点”

错误示范：“你爸 / 妈是坏人，以后别理他！”（这会加剧

孩子的认知失调）。

正确做法：明确告知孩子“爸爸妈妈只是不住在一起了，但永远是你的爸爸妈妈”（为孩子建立稳定的认知框架）。

2. 警惕“愧疚式养育”

心理学警示：用物质补偿代替情感陪伴，会导致孩子形成“交易型人格”（例如“我考出好成绩就能换手机”）。

建议方案：每周固定安排“无目的陪伴时间”（如一起散步、做饭等），其间禁止谈论学习和成绩。

3. 引入“第三方支持系统”

实操案例：一位单亲妈妈组建了“互助家长群”，让孩子们结伴露营、写作业，以此弥补孩子因没有兄弟姐妹而产生的情感空缺。

4. 提前预防“次级创伤”

关键数据：单亲家长的抑郁率为普通人群的 1.8 倍，由此引发的情绪失控会让孩子承受二次伤害。

自救策略：定期参加家长心理课程，运用“情绪红绿灯法”（红

灯停：离开现场；黄灯缓：深呼吸；绿灯行：平静沟通）来管理自己的情绪。

以下还有一些基于心理学的建议，希望能帮助大家理解单亲家庭孩子可能面临的心理缺憾。

教育的本质，是让每个孩子都相信“我被看见”。单亲家庭留守儿童面临的教育困局，本质上是“关系缺失”与“教育错位”的叠加。破解这一困局的关键在于：从“物理陪伴”转变为“心理在场”，哪怕每天只有 5 分钟时间，也要放下手机，看着孩子的眼睛说“你今天好像有点不开心，愿意和我聊聊吗”；从“单一管教”转变为“系统支持”，社区可以建立“家长协作网”（让单亲家庭与完整家庭结对互助）；从“补偿心态”转变为“赋能成长”，告诉孩子“爸爸妈妈的选择与你无关，但你的未来可以由自己决定”。

下面分享一个正向案例。

女孩小萌在父母离异后，跟着奶奶生活。父亲每月以写信的方式和女儿分享读书心得，母亲则定时定点在网上远程教她编程。去年，她被麻省理工学院录取，她在申请书中写道：“我的家庭是不完整的，但爱从未残缺，甚至得到了双倍的关注。”这印证了心理学家阿德勒的话：“幸福的人用童年治愈一生，不幸的人用一生治愈童年。”而我们，正在创造第三种可能。

三、问题关键不是家庭是否完整，而是爱是否足够

单亲家庭的孩子通常存在一些共性问题，比如内向、缺乏安

全感、叛逆等，可能还有更多。但问题的关键不在于家庭是否完整，而在于爱是否足够。

如果你的孩子也出现了类似问题，下面有一些小小的建议和应对策略：

第一，正向沟通。父母及亲属（特别是爷爷奶奶、外公外婆）应该避免在孩子面前说对方的坏话，而要通过积极的沟通，帮助孩子理解离婚是成年人的决定，与孩子无关。

第二，提供稳定的情感支持。要确保孩子能感受到稳定的情感支持，这种支持可以来自父母中的一方，也可以来自其他亲人、朋友或专业人士。要让孩子深信，即便父母离婚了，他们依然爱自己。

第三，保障经济支持。要确保孩子的基本需求得到满足，包括生活费用和教育费用。这不仅关系到孩子的生活质量，也是让他们感受到被爱和被重视的重要方式。

第四，寻求专业帮助。如果孩子表现出持续的情绪问题或行为问题，寻求专业心理咨询师的帮助至关重要。

离婚对家庭中的每一个成员都是一种伤痛，尤其是对孩子。作为父母，在不得不选择结束婚姻关系时，应该共同努力减少离婚对孩子心理的影响，为他们提供一个充满爱和支持的成长环境。离婚是大人的选择，而非孩子的责任，每个孩子都值得拥有一个健康快乐的童年。

05 健康积极的家庭氛围就是好的教育

真正的教育发生在餐桌边、在熄灯前的夜谈里、在应对突发状况的瞬间反应中。家庭氛围不是教育的背景墙，而是构成认知基岩的沉积岩层。那些被抱怨“叛逆”的孩子，实则是敏锐的环境传感器——他们的反抗，恰恰暴露出家庭生态系统的深层板结。

要打破这种无形禁锢，需要父母将焦虑转化为耐心观察，将控制欲重塑为守护智慧，在每次即将脱口而出的“你应该”之前，留出三秒空白容纳新可能性的萌发。如同古建筑中有用孔调节室内湿度的功能，智慧的家庭氛围营造者懂得留出精神气孔，让教育也能与时俱进，跟上时代的风，因为孩子也是这个时代的个体。当父母学会把家变成滋养而非塑造生命的地方，很多曾被误解的“问题”“难题”可能都会迎刃而解。

曾经有所高校做过这样一项长期观察，用两个条件相当、人员结构相同的家庭晚餐场景做对照。

A 家庭的餐桌上，父母的手机屏幕明灭不定，夹菜的间隙突然响起“这次数学怎么又没上 90 分”的质问，瓷盘碰撞声与训斥声此起彼伏；B 家庭每周设定“无设备晚餐时间”，全家人围坐时会轮流分享“今天最高兴的事”和“遇到的小挑战”，餐后的桌游时间总伴随着轻快的讨论声。

五年后的跟踪数据显示，B 家庭的孩子在情绪调节能力上比 A 家庭高出 41%，面对冲突时能想出的解决办法多出 27 种——这个案例印证了一个重要认知：家庭不是成员的简单集合，而是通过日常互动不断塑造彼此的“生命共同体”。那些看不见的氛围因子，如同土壤中的养分，正悄悄决定着孩子精神世界的生长轨迹。

一、别让坏情绪埋下种子

你知道吗？当孩子观看父母争吵时，他们大脑中负责情绪处理的前额叶皮层，会呈现出与亲身经历争吵者相似的激活状态。父母的情绪是否稳定，会通过镜像神经元直接在孩子大脑中形成神经印记，或者也可说是孩子某一时间段的高峰记忆，当然这也可能不是好的记忆。有点像长期生活在阴云密布的环境里，植物会逐渐适应低光照状态，孩子的神经系统也会默默记录家庭情绪场的频率——焦虑的父母很难养出内心安定的孩子。

这种影响甚至会跨越代际。哥伦比亚大学对二战幸存者后代的研究发现，即便这些孩子从未经历战争，他们体内的压力激素皮质醇水平仍显著高于普通人群。创伤会以表观遗传的方式藏进基因密码，而积极的情绪管理同样能形成良性传承。

有一个比较智慧的家长，在家里发明了“情绪天气预报”：每天晚餐后，每个人用“晴天”“多云”“雷阵雨”来标记自己的情绪状态，并简单说明原因。当妈妈说“今天工作遇到雷阵雨啦”，孩子会主动递上自己画的“太阳贴纸”。这种可视化的情绪表达，让全家人逐渐学会识别自己的感受，如同把个人情绪装上了调节阀门，所有的焦虑、烦恼、不快，融到有爱的家庭里，只会消解，不会被放大。

二、用对话模式塑造思维路径

你注意过自己和孩子说话的方式吗？那些脱口而出的“你应该”“为什么总是”，正在悄悄影响着孩子的大脑发育。当父母习惯用命令代替沟通，孩子不仅会失去表达的欲望，更会潜移默化地形成“非黑即白”的定式思维——就像长期在单行道上行驶的司机，会逐渐忘记如何寻找岔路。

改变对话方式其实并不难。妈妈可以这样做：当发现孩子作业字迹潦草时，说“今天作业完成得很准时，这一点特别棒（肯定）；如果字迹能再工整一些，老师看的时候会更清楚（建议）；妈妈相信你明天能写得更漂亮（鼓励）”。这种将批评夹在肯定与鼓励之间的方式，让孩子更容易接受建议，就像给良药裹上糖衣。更重要的是，试着用“你觉得这件事怎么处理更好”“需要妈妈怎么帮你”代替质问，这些以“如何”“怎样”开头的问题，能引导孩子主动思考解决方案，而不是陷入“又犯错了”的愧疚情绪。

三、把价值观融入日常生活

有一项研究曾引起广泛关注：藏书超过 200 本的家庭，孩子的延迟满足能力比藏书少于 50 本的家庭高出 34%。这里的关键不是书的数量，而是家庭营造的文化氛围——当书架成为客厅的重要陈设，当父母经常捧着书阅读，孩子会在潜意识里将“学习”与“日常生活”画等号。就像生长在果园里的孩子，自然懂得果实需要耐心等待成熟。

改变往往始于那些看似微小的日常实践。

比如在客厅角落设置一个“暂停角”，放上柔软的靠垫、减压玩具和一本情绪调节手册，当家人发生争执时，可以主动去那里冷静 10 分钟。这 10 分钟不是冷战，而是给情绪一个缓冲带，就像暴风雨来临前的防风林。

再比如制作一本“家庭能量日历”，用不同颜色标记每个家庭成员的重要日子——孩子的比赛日、父母的工作节点，提前商量好那天可以为彼此做些什么，让支持变得具体而温暖。

每年除夕，不妨全家人一起录制“时间胶囊”视频，说说对未来五年的期待，讲讲自己心中的家庭价值观。当孩子在青春期回看这些视频时，会发现自己的成长轨迹与家庭的温暖期许紧紧相连。

还有“角色互换日”，让孩子尝试做一天“家庭小管家”，负责安排三餐、管理零花钱、协调家务分工，这种真实的体验能让他们在实践中理解责任与包容。

四、每天 20 分钟，滋养出孩子的超强脑回路

每天早上睡醒别急着催孩子刷牙，先来点特别的“脑力热身”：“今天有啥好玩的事等着你呀？”可别小看这个问题，当孩子眼睛一亮说“科学课要做实验”，他脑子里已经开始绽放了！科学家发现，这种提前想美事的习惯，能让孩子上课记东西快两成，就跟运动员赛前幻想拿冠军一样管用。接着问“可能会撞上啥小麻烦？”这不是制造焦虑，是给孩子装个“心理安全气囊”。比如孩子嘟囔“怕听写不及格”，你千万别急着给答案，反过来问他：“要是真没写好，咱能怎么补救？”这么练上一个月，孩子遇到突发状况就不会慌神了，就像给大脑装了刹车片。最后那句“要爸妈怎么搭把手”简直是亲子关系的润滑剂，既让孩子知道有靠山，又给足他面子。记住，就算孩子嘴硬说“不用帮忙”，

你也得笑着回“随叫随到”，这份底气比什么补习班都管用。

到了晚上关灯前，别光催睡觉，来场今日精彩回放：今天哪个操作特别溜？这时候要像侦探挖宝，帮孩子找出具体闪光点。比如“我发现你用新学的画图法解了数学题，这招绝啊！”这种精准夸赞，能让孩子下次遇到难题自动调出成功经验。再问：“有没有遇到小麻烦？”如果有，可以带着孩子像修玩具似的拆解问题。要是他说“课间和同学干架了”，你就带他复盘：“当时是不是心里像有团火？下次要是再冒火，试试深呼吸三次再开口。”这么练上大半个月，孩子管理情绪的能力能涨三成多。最后再问问孩子：“明天想解锁啥新成就？”教会孩子把大目标剁成“小肉丁”，比如把“当学霸”分解成“每天吃透两道错题”。科学家说了，这种拆解法能让大脑像通关游戏似的持续分泌快乐激素，越学越带劲。

这套早晚对话组合拳，说明白些就是给大脑装定制版操作系统。早上那三问是开机程序，启动全天积极雷达；晚上复盘就像系统自动更新，把白天的经验打包成升级补丁。坚持三个礼拜，你会发现孩子遇事不慌、说话有条理，连顶嘴都变得有技术含量了！最妙的是，这些对话时间就像亲子专属加密频道，比唠叨作业强百倍。每天花个刷牙的工夫，养出个脑子活络、心理皮实的孩子，这笔买卖怎么看都划算！

家庭氛围的力量，藏在妈妈的温柔语调里，藏在爸爸倾听时的目光中，藏在家人吃饭时的欢声笑语间。它不是刻意营造的教育场景，而是渗透在每个日常瞬间的“隐性课程”。当我们学会用理解代替控制，用倾听代替说教，用共同成长代替单向要求，家庭就会成为最肥沃的土壤，让孩子的心灵得以舒展生长。那些看不见的情绪流动、语言温度和文化气息，终将在未来某一天，以孩子面对世界的姿态显现出来。那是家庭送给孩子最珍贵的礼物，也是我们能留给下一代的最好遗产。

第四课

情绪管理能力提升

01 共情力修炼：从“听懂情绪”到“驾驭情感”

辅导作业时突然暴走拍桌子，孩子考砸后脱口而出“我怎么生了你”，这些场面是不是很眼熟？很多家长都在无意识中用“情绪暴力”亲手摧毁了孩子的信任。心理学上著名的“55387”法则早就揭露真相：沟通中，语言内容只占 7%，肢体动作占 38%，而情绪态度高达 55%——也就是说，家长吼孩子时扭曲的脸，比说什么大道理都更让人刻骨铭心。就像有位家长在家长群吐槽，孩子现在一看到自己拿起作业本，就条件反射地浑身发抖，这就是长期情绪失控种下的恶果。

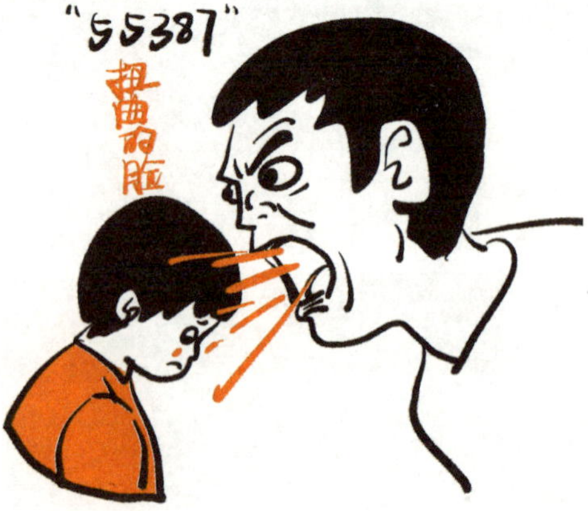

一、做好情绪管理，从父母开始

别以为情绪管理只是孩子的必修课，家长才是需要持证上岗的首席情绪官。当你因为孩子赖床大发雷霆，却忘了自己昨天熬夜刷剧；看到孩子玩手机就开骂，转头自己刷短视频停不下来——这种双标式教育，比无效沟通更致命。脑科学研究显示，父母长期情绪失控，会导致孩子大脑杏仁核过度发育，简单来说，就是把娃培养成了“行走的火药桶”。

可惜现实中很多家长掉入“情绪黑洞”而不自知。前一秒还在温柔讲道理，下一秒被孩子顶嘴就秒变“喷火恶龙”。这是因为成年人的情绪反应往往存在滞后性：表面上冲着孩子发脾气，实则是积压的工作压力、家庭矛盾在借题发挥。就像某位妈妈在家长群哭诉“孩子太叛逆”，却被眼尖的家长发现，她朋友圈刚发完“甲方又改需求”的崩溃动态。也有这样的爸爸，在公司被领导批评后，回家看到孩子没按时完成作业，瞬间火冒三丈，把工作中的负面情绪全部发泄在了孩子身上，完全没意识到自己的问题。

家长的情绪失控，还可能源于对孩子过高的期望。现实中有很多这样的家长，在孩子上小学后，就给孩子制定了考上清华北大的目标，平时对孩子的学习要求极其严格。当孩子成绩考了 95 分，满心欢喜地回家，结果妈妈却大发雷霆：“为什么丢了 5 分？这 5 分丢在哪里了？”孩子脸上的笑容瞬间消失，从此变得越来越不自信，对学习也产生了恐惧心理。

二、共情能力是家庭教育的必需品

所谓共情，不是廉价的“我理解你”，而是能精准捕捉对方情绪的雷达。有些家长“反向操作”：孩子考砸了，不咸不淡来句“我上学时比你强多了”；孩子被欺负，张嘴就是“肯定是你先招惹别人”。这样做比冷漠更伤人，本质是在用成年人的优越感碾压孩子的感受。

那么家长如何修炼自己的共情能力呢？

1. 体感能力：别让你的眼睛变成“情绪过滤器”

真正的体感能力，是能从孩子攥紧的拳头里读出焦虑，从突然的沉默中察觉委屈。但很多家长自带“选择性失明”：孩子红着眼眶说“没事”，就真当没事；看到孩子摔门而出，还责怪“现在的小孩真矫情”。有位爸爸分享血泪教训：女儿连续两周画暗黑风格的画，他以为是“艺术天赋觉醒”，结果却是孩子在学校被孤立。建议家长每天做情绪扫描练习：接孩子放学时，先别急着问“今天学了啥”，而是观察他的走路姿势、说话语气。如果发现异常，试试用“今天书包好像比平时沉”这种具象化话题打开孩子的话匣子。

2. 角色互换：别把换位思考搞成道德绑架

角色互换，顾名思义是通过角色互换，设身处地理解他人的感受和经历。比如说孩子今天被人欺负了很难过，不要一上来就指责孩子“你咋又跟人家打架啦”“你不惹别人，别人会欺负你吗”，我们可以想象如果是自己被人欺负、被人打了，是不是会觉得很委屈、很难过，也希望有人能理解我们呀？只有通过互换角色去感受孩子的遭遇，才能更好地理解他内心的想法和需求。在角色互换的过程中，父母要放下自己一贯的观点和经验，就事论事，不指责、不啰唆，站在孩子的角度看待问题、解决问题，这样才能更深入地理解他的情感需求以及背后隐藏的动机，才能让孩子在生活中也学会角色互换，帮助他更好地建立人际关系。

正确的角色互换，应该像剥洋葱一样层层深入：孩子抱怨作业太多，别直接说“我当年作业更多”，而是问“你更愿意先做哪科”，用可行操作代替抽象说教，这样更有实际意义。

3. 驾驭情绪：别让家长的“情绪失控”变成孩子的“心理阴影”

当孩子摔东西时，家长的“以暴制暴”只会火上浇油。曾经有个真实案例：孩子打碎花瓶后，妈妈第一反应不是责骂，而是夸张地说：“哇！这声音像放烟花一样响亮！不过碎片会划伤小脚丫，我们戴上‘安全手套’收拾战场好不好？”用游戏化语言化解冲突，比讲大道理更管用。

家长可以试试“情绪暂停键”策略：感觉要发火时，深呼吸5秒，在心里默数10个数，给自己倒杯水。这个过程不是压抑情绪，而是给理性思考留出缓冲时间。记住，你的情绪处理方式，就是孩子未来应对问题的模板。

总之，拥有好的共情能力对于人际关系和情感健康是非常重要的，它可以增强我们与他人之间的联系，促进情感共鸣和互助。

三、谨防共情误区

1. 过度共情：把孩子养成“情感巨婴”

有些家长矫枉过正，孩子摔一跤就夸张地喊“宝贝疼不疼”，反而强化了孩子的脆弱感。真正的共情，是在接纳情绪的同时传递力量。比如孩子比赛失利，与其说“没关系”，不如说“我看到你练习时流了很多汗，这种坚持比奖杯更珍贵”。有个孩子在跑步比赛中摔倒后大哭，妈妈没有立刻冲上去安慰，而是在旁边鼓励：“你看你已经跑了这么远，离终点就差一点了，爬起来继续跑，你就是最棒的！”孩子听后，擦干眼泪，重新站了起来，冲向终点。

2. 功利性共情：把理解当成操控手段

“我这么理解你，你却不听话”，这种沟通暴露了共情的本质是控制。当你用共情换取孩子的服从时，就把情感关系异化为了交易。有位妈妈分享反思：她曾假装理解孩子不想上兴趣班的想法，实则是为了让孩子愧疚后乖乖听话，最终被孩子识破，亲子关系陷入僵局。还有些家长在孩子提出想法时，表面上表示理解，实际上却在想办法说服孩子按自己的意愿做，这种行为会让孩子对家长产生不信任感。

四、三个实操技巧，让共情成为家庭习惯

1. 情绪翻译机

同孩子约定“情绪暗号”，比如用“电量不足”表示烦躁，用

“需要充电”表达求安慰。这种具象化表达能帮助孩子识别情绪。有个家庭采用这个方法后，孩子感觉烦躁时，会主动对家长说：“我现在电量不足了，需要休息一下。”家长也能及时给予关心和支持。

2. 家庭情绪日志

每天花 10 分钟，全家轮流分享“今天最开心 / 最难过的瞬间”，用故事形式代替说教。通过这种方式，家庭成员能更好地了解彼此的情绪，增进感情。一个家庭坚持写家庭情绪日志一段时间后，孩子变得更加开朗，家庭氛围也更和谐了。

3. 反向共情训练

故意在孩子面前“示弱”，比如假装拧不开瓶盖，让孩子体会被需要的感觉，培养共情主动性。有位妈妈经常在孩子面前“示弱”，孩子变得越来越有责任感，不仅会主动帮助妈妈，在学校也会主动帮助同学。

当家长不再以“过来人”的姿态俯视孩子，而是蹲下身子用平等视角对话，那些曾被情绪隔阂的亲子关系，终将绽放出温暖的光芒。毕竟，教育不是雕刻完美的艺术品，而是守护一颗心对另一颗心的尊重与理解。

02 当孩子发脾气时，可以这样接招

亲爱的家长们，让我们重温这个似曾相识的场景：

晚上六点，系着围裙的你在厨房奋战两小时，红烧肉在锅里咕嘟冒泡，饭香弥漫整个客厅。转头一看，孩子像被钉在沙发上看动画片，连眼皮都不抬一下。你压着火柔声呼唤：“宝贝吃饭啦！”没反应。嗓门提高八度：“菜都凉了！”依然纹丝不动。最后那点耐心被抽油烟机的轰鸣碾碎，你冲过去“啪”地关掉电视：“立刻！马上！吃饭！”

结果呢？孩子含着泪扒拉两口就摔筷子：“饱了！”他发脾气的同时，你血管里的怒火直窜天灵盖：“我忙活半天你就吃两口？不准看电视！吃不完不准离桌！”明明开场是温情家庭剧，怎么就崩成了灾难片？因为情绪这头怪兽一旦出笼，理智立马尸骨无存。

神经科学扫描显示，当父母持续吼骂时，孩子大脑会启动“生存模式”：前额叶（思考区）关闭，杏仁核（恐惧中枢）膨胀如气球。此刻，他耳朵里全是嗡鸣，你训斥的内容根本传不进大脑皮层。

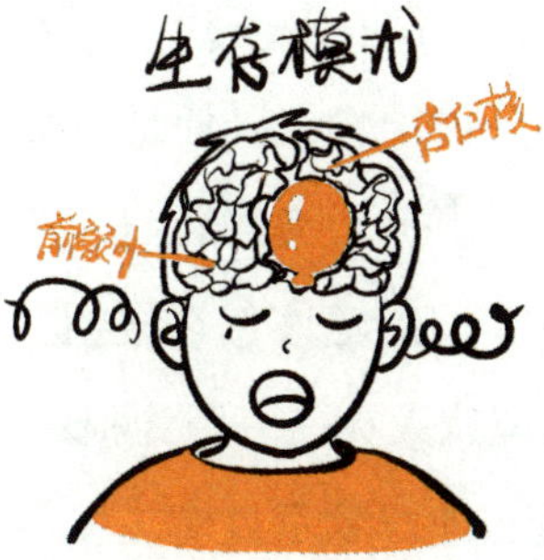

那么孩子为什么总发脾气呢？面对孩子的坏情绪，父母又该如何应对？

一、孩子经常发脾气可能源自父母

教育界有句振聋发聩的话：“妈妈长什么样的嘴，孩子就走什么样的路。”当你每天责骂“笨死算了”“养你有什么用”，孩子心里就刻下了“我是垃圾”的程序代码。反过来，那些说“摔疼了吧？妈妈揉揉”“失败怕什么，咱们再战”的家长，养出的孩子内心自带盔甲。

所谓童蒙养正，正是指 3~12 岁这个行为习惯养成的黄金期。在这个关键期，你的每句话都在雕刻孩子的大脑神经回路，就像匠人对待一方璞玉——吼骂会震出裂痕，温柔能雕出花纹。很多家长还没意识到，自己正把孩子当成免费的“情绪垃圾桶”——在外当谦谦君子，回家秒变“喷火恶龙”，潜意识里无非是觉得孩子弱小好拿捏，家里又不用遵守职场规则。更扎心的是，这种坏情绪就像朊病毒，会在代际间疯狂复制。小时候吼他两句，他顶多缩在角落抹眼泪；等青春期一到，直接化身“怼人小能手”，你说东他偏往西，分分钟把你气到原地爆炸。

那么，问题来了：当孩子突然化身“小火山”，满地打滚、摔东西、大喊大叫，家长到底该怎么接招？记住，这时候千万别当“消防员”，抄起道理就灭火——因为根本没用！孩子发脾气时，感性脑彻底占领高地，理智脑早就罢工了。你跟他讲“东西不能摔”“要体谅妈妈”，就像对牛弹琴，搞不好还会引发第二轮“情绪海啸”。

二、“灭火”要讲方法，有策略

“灭火”的正确方式是什么？先给孩子建一条专属“情绪隧道”。就像开车遇到隧道，黑暗只是暂时的，穿过它就能重见光明。举个例子，孩子因为不让玩手机而撒泼打滚，别急着抢手机、骂他“不懂事”，可以蹲下来，与他平视：“妈妈知道你特别想再玩一会儿，被打断肯定超生气，对不对？”就这一句话，瞬间让孩子觉得“有人懂我”，情绪的洪水就像撞上了闸门，冲击力立马减弱。

但很多家庭的“猪队友”，总会在关键时刻出来搅局。这边妈妈好不容易让孩子情绪缓和些，爷爷奶奶立马冲出来护犊子：“不就是个玩具嘛，至于这么凶孩子？”好家伙，这哪是救孩子，分明是给孩子的任性装了个“加速器”！孩子心里门儿清：“反正有人撑腰，下次我还能这么干！”所以说，教育孩子时必须“统一战线”——全家人提前达成共识，该唱红脸唱红脸，该唱白脸唱白脸，别一个教育、一个拆台，把孩子养成“双面派”。

再给大家讲个故事：7 岁的曦曦每次去商场都要买玩具，不给买就躺地上哭闹。有次爸爸正要教育她，奶奶赶紧抱起孩子：“乖，奶奶给你买！”结果现在曦曦一不如意就撒泼，还学会了“道德绑架”：“奶奶都答应我了，你们不爱我！”这就是典型的“教育拆台”后果，原本能纠正的小毛病，硬是惯成了大问题。

管理情绪这事儿，光靠“临时救火”是不行的，平时还得做好“情绪疫苗”接种工作。多跟孩子玩“情绪猜猜猜”的游戏：“宝贝，你刚才跺脚摔门，是不是因为没拿到喜欢的贴纸，心里特别委屈呀？”帮孩子把模糊的情绪精准定位成“委屈”“生气”“难过”，就像给情绪贴上标签，方便他们认识和管理。

还有个超实用的小技巧——当孩子说出“我想再玩五分钟”时，别急着否定，试试“Yes And”法则：“Yes，妈妈知道你还没玩够；And，咱们可以约定好时间，到点就自觉放下，这样下次还能继续玩，好不好？”把对抗变成对话，孩子反而更容易接受。

记住这个灵魂公式：关系 > 道理，连接 > 纠正。当 10 岁的儿子举着不及格的卷子发抖时，别说“叫你复习不听”，试试：“走！吃烧烤去！边吃边聊怎么逆袭。”那些在超市撒泼打滚的熊孩子，10 年后可能成为职场的定时炸弹；而被教会“妈妈，我现在需要冷静 3 分钟”的孩子，未来会是职场的定海神针。

最后再送大家一句大实话：教育孩子，本质上就是父母的一场修行。你控制不住情绪冲孩子发火，不是因为孩子太调皮，而是暴露了自己的“情绪短板”。与其天天抱怨“孩子太难管”，不如先学会跟自己的情绪握手言和。当你能心平气和地面对孩子的“小火山”时，你会发现，亲子关系不再是随时爆炸的火药桶，而是温暖治愈的能量场。

03 父母发脾气后，可以这样及时修复

“作业写完了吗”“说了多少遍还记不住”“你是不是故意气我”“看看别人家孩子”……这些即将点燃“火药桶”的“死亡前奏”，是不是精准踩中了你的雷区？接着便是狂风暴雨般的怒吼，孩子吓得小脸煞白，大脑宕机，僵在原地。等你吼完摔门而去，在客厅踱步、厨房喝水时，那股悔意又像潮水般涌来，恨不得给自己两巴掌——这种“失控现场”，是不是你家的“经典复刻”？上节聊了孩子炸毛怎么应对，这节必须直面更扎心的现实：当父母没绷住，把孩子当成了“情绪垃圾桶”疯狂输出后，到底该怎么“紧急抢险”？记住，补救要是晚一步，亲子情分分钟碎成“一地玻璃碴”！

一、被忽视的情绪暴击：父母发火的隐形杀伤力

别觉得“我是父母，发个火咋了”，脑科学研究早已证实，父母的吼叫会在孩子大脑里留下永久性“疤痕”。美国杜克大学的追踪实验发现，长期遭受父母情绪暴力的孩子，海马体体积比同龄人小 19%，而这个区域直接影响着记忆、学习和情绪调节能

力。想象一下，你吼孩子时扭曲的表情、震耳欲聋的音量，正在他的大脑里疯狂“刻字”，严重的甚至会让孩子出现语言发育迟缓、社交退缩等问题。

更扎心的是，孩子表面上低头认错、小声抽泣，心里可能已经默默建起了“情感防火墙”。有位妈妈在家长群哭诉：“孩子现在越来越沉默，问他学校的事，就回‘随便’‘不知道’。”这种信任崩塌一旦形成，后续可能花十倍精力都未必能修复。

现实中，家长掉进情绪陷阱的场景五花八门：前一秒还在发誓“再也不吼孩子”，后一秒就被娃的“迷之操作”点燃——写作业把橡皮擦成渣，吃饭把米粒撒成“地图”，收拾书包能磨蹭半小时。我女儿二年级时，她爸爸辅导她写作文。因为爸爸之前是媒体人，所以对自己的写作水平极有信心。开始时，他还耐心教这个写法、那个开头，结果娃憋了半小时只写了6个字“今天天气真好”，爸爸直接把作文本甩飞，吼道：“脑袋里装的是草吗？”“中国话你也听不明白吗？”大家看看，这说的都是什么话，完全是情绪的发泄。结果孩子哭了半小时，一个星期都没跟爸爸说话。这就是典型的“情绪爆炸”后遗症，杀伤力堪比生化武器。

二、紧急制动：启动“情绪抽离”自救程序

当你气得浑身发抖、血压飙升，大脑里的理智被愤怒按在地上摩擦时，赶紧默念：“我现在是个旁观者，正在看电视剧里的暴躁家长！”这可不是在自我安慰，而是心理学上的“情绪抽离

法”——把自己从愤怒情绪里拽出来，用他人视角观察：“这人青筋暴起的样子好像哥斯拉”“嗓门大得能震碎玻璃”。

有位跟我学习过的爸爸分享实战经验：感觉要发火时，他会立刻冲进厕所，对着镜子给自己表演“变脸大赛”，从愤怒到滑稽的表情切换，能瞬间浇灭心头怒火。还有位妈妈发明了“紧急暂停手势”，和孩子约定，只要她伸出三根手指晃一晃，就代表“我快失控了，容我冷静一分钟”。

同时，千万不要踩这些坑！不要使用“冷战消失术”，像有的爸爸冲孩子发完火直接躲进卧室刷剧，结果孩子以为被抛弃，特别是年龄小的孩子，半夜会哭着做噩梦；也别死撑着当倔强的青铜，觉得“我是家长，凭啥先低头，教育孩子有什么错”。正确做法是，先给自己按下“暂停键”：可以去阳台吹吹风，感受凉风拂面的清醒；或者做十个深蹲，用肌肉酸痛转移注意力。

三、硬核道歉：别让面子毁掉孩子的信任

“跟孩子道歉太丢面子，以后还怎么树立权威？”有这种想法的家长，切记这是误区！心理学上的“镜像神经元”理论指出，孩子会不自觉模仿父母的行为。你弯腰认错的姿态，比任何说教都更有教育意义。

一位家长发现自己因工作压力朝孩子发火后，带着手写道歉信和孩子爱吃的零食，郑重其事地开了场“反省会”。结果女儿不仅原谅了她，还主动承认了自己的小错误。这就是道歉的神奇

力量——父母敢于认错，孩子才能学会担当。

当然，道歉也是门技术活儿，有指南才能不迷路：别用“要不是因为你不乖……”这种甩锅式开头，这只会让孩子觉得错误全在自己；拒绝“和稀泥沟通方式”，比如“爸爸刚才态度不好，但你也有错”，模糊焦点只会激化矛盾。

我推荐真诚道歉公式：“宝贝，刚刚爸爸失控大吼，是我的错（明确承认错误）；因为工作压力大，我把坏情绪发泄在你身上了（解释原因，但不找借口）；你愿意给我一个改正的机会吗？（表达期望）”

也可以尝试有创意的表达方式，让孩子从小学会多元化解决问题。比如，和孩子约定一组“道歉盲盒”，每次道歉时抽一张写有不同补偿方案的纸条，像“承包一天家务”“陪玩两小时”“帮整理房间书桌”等，把严肃的道歉变成有趣的互动。

四、深度沟通：把“情绪洼地”建成“信任堡垒”

道歉说句“对不起”就万事大吉了吗？别用这种敷衍的方式对待孩子。如果让孩子养成“不痛不痒就理应接受、原谅”的惯性，长大后可能容易在情感中陷入被动。道歉从不是走过场，真正的重头戏是和孩子坐下来深度复盘。记住，这不是批斗大会，而是交流大会。可以从轻松的话题切入：“宝贝，刚才妈妈发火的时候，你心里在想什么呀？”曾有孩子这样吐露心声：“妈妈吼我的时候，我觉得自己像个废物。”这句话让妈妈当场泪崩，也让她真正意识到自己的错误有多伤人。当孩子打开话匣子，哪怕说出“我讨厌你”“我恨你”这种扎心的话，也别打断、别辩解。

与其事后懊悔，不如试试“共情四部曲”：

- 接受情绪：“被最爱的爸爸 / 妈妈这样凶，心里一定像被针扎一样疼吧？”（共情到位）
- 确认感受：“如果我被别人这样对待，也会觉得委屈、害怕。”（身份互换）
- 再次致歉：“让你承受这些，是妈妈没管理好情绪，真的对不起。”（深化歉意）
- 共建方案：“我们拉钩，一起想个‘和平暗号’，下次妈妈要发脾气前，你提醒我好吗？”（共同解决）

在解决具体问题时，可以试试“头脑风暴法”：和孩子列出问题清单，再一一想对策。比如孩子写作业磨蹭，就一起制定“番茄钟工作法”；经常丢三落四，就共同设计“出门检查清单”；吃饭拖拉，就推出“光盘勋章”奖励机制。让孩子参与决策，感受到尊重与信任，比任何单方面的“为你好”都管用。

五、长效预防：为亲子关系装个“情绪防火墙”

补救做得再好，也比不上提前预防。就像给房子安装防火系统总比火灾后重建更明智，家长的情绪管理同样需要“未雨绸缪”。这里为大家准备了一套“情绪预防组合拳”，从物理、空间、时间到家庭互动，全方位筑牢防线：

- 物理减压：压力大时，听首解压“神曲”，狂捏减压玩具，或者来套“暴打枕头套餐”。
- 空间隔离：打造专属“冷静角”——可以是家里的小角落，放上喜欢的书、玩偶，躲进去深呼吸 10 次。有位妈妈把衣柜改造成“冷静舱”，每次想发火就钻进去，还调侃自己在“修炼情绪内功”。
- 时间管理：学会给自己“情绪充电时间”，哪怕每天只有 15 分钟，敷面膜、刷短视频、发呆都行。

家庭会议也是个实用的“家庭神器”：每周固定时间，全家围坐在一起，轮流分享“本周情绪高光时刻”和“踩坑经历”。孩子可以写下对父母的意见，放进“交流箱”，父母当场拆信解答。这种平等的交流，能让孩子感受到被尊重，也能及时发现亲子关系中的隐患。

没有不犯错的父母，但有愿意成长的家长。当你敢于直面自己的情绪失控，用真诚与平等补救并重建信任，你失去的只是“家长的权威面具”，收获的却是孩子一生的信任与爱。教育不是完美的表演，而是一场双向奔赴的成长修行。

04 冲突非终点，父母善后艺术成就孩子心理韧性

你有没有在孩子面前和另一半吵到面红耳赤，事后看着孩子惊恐的眼神，恨不得给自己来个时光倒流？回忆一下你的小时候，父母是不是经常争吵，甚至还有经常干架的？你千万不要以为这只是夫妻俩的事，它对孩子影响真的太大了。你们吵得越凶，孩子心里的阴影面积就越大。

我给大家讲个扎心案例。有个爸爸来找我，说他儿子最近总是做噩梦，梦里总在喊“别打了！别打了！”问孩子怎么了，孩子只是缩成一团发抖。后来慢慢引导，孩子才断断续续地说：“上周三晚上，你们在厨房，妈妈哭了，你摔了碗，我怕你们不要我了……”原来，就是上周晚饭后的一次争执，在孩子心里演变成了恐怖片。对孩子来说，父母就是他们的天，就是他们的地，父母吵得天崩地裂，他们的世界就瞬间崩塌了。他们会想：“是不是我做错了什么”“他们会不会离婚”“会不会不要我”……小小的脑袋，装满了巨大的恐惧和自我归罪——“都是我的错！”

当父母吵得面红耳赤时，孩子的“情绪警报器”正在疯狂拉

响！脑神经学实锤：孩子目睹父母激烈争吵时，大脑的“恐惧中心”杏仁核会瞬间点亮，压力激素皮质醇像洪水一样淹没整个系统，长期下来，这块掌管安全感的“地基”就被泡坏了！更可怕的是，有些孩子会把父母吵架的锅全背在自己身上，在日记里偷偷写：“如果我每天多帮妈妈洗碗，爸爸就不会吼她了……”甚至有些家长气头上还会甩出一句：“要不是为了你，我早跟你爸 / 妈离了！”这句话，简直就是插在孩子心上的刀！

家庭最好的避风港是父母稳定的情绪，但情绪上头时，谁还顾得上孩子？要是真憋不住“开战”了，怎么才能把对孩子的“心灵地震”降到最低？这里面真有门道！别以为发泄完就完事了，孩子的小心脏可经不起反复“余震”。

一、控制不住要“开战”怎么办

真到了非吵不可的时候，记住这三条“吵架黄金法则”，能把伤害值压到地板，甚至还能化危机为教育契机！

1. 第一法则：隐形战场法则

选对“战场”，吵架就赢了一半！地理隔离是王道。车库、储藏室、深夜的书房（确保隔音），都是你们的“专属辩论场”。有对夫妻特别机智，一有火药味就默契地钻进阳台，关紧推拉门，开着排气扇“低声激辩”。时间管制是关键。强烈建议签订“22点后禁吵令”！等娃进入深度睡眠，再开启你们的“深夜谈判桌”，客厅沙发、卧室飘窗，只要不惊动娃，随你们发挥。道具管理是底线。摔碗砸杯子？太危险也太“暴力直播”了！改摔抱枕、捏减压球，或者干脆拿张纸狂写狂撕，既解压又安全无害。

2. 第二法则：战后“消毒”法则

吵完架别急着在孩子面前强颜欢笑演“恩爱如初”，先做好“战场清理”！扫雷行动必须快！赶紧把撕破的杂志、摔变形的相框（哪怕是意外），甚至争执时用力过猛拍裂的桌角（用布盖好）统统处理好！别让这些“战争遗迹”成为孩子反复回放的恐怖画面。气味净化很重要！嗅觉记忆是最顽固的！点上孩子喜欢的香薰蜡烛，煮一壶香气四溢的水果茶（比如橙子肉桂），让温馨的味道迅速驱散空气中的“硝烟味”。有位爸爸每次吵完就开空气净化器最高挡，同时放儿子最喜欢的恐龙故事音频，用熟悉的声音覆盖掉刚才的争吵片段。声波覆盖很有效！播放吵架前家里常听的轻音乐或儿歌，用美好的旋律“洗刷”掉那段不愉快的声波记忆。

3. 第三法则：联合“新闻发布会”法则

第二天找个轻松时刻（比如早餐、放学路上）发布“官方声明”。用轻松甚至带点自嘲的语气说：“宝贝，昨晚爸妈声音有点大，像不像两只抢松果的松鼠？我们在争论‘周末是去爬山还是逛博物馆’呢，太投入啦！”这里有个万能金句模板：“声音大了点≠不爱了，就像你着急时也会大声喊妈妈，但你永远爱妈妈，对吧？”核心是让孩子明白：争吵是大人没控制好情绪的方式，但父母对彼此和自己的爱，坚如磐石，毫不动摇。

二、战场“暴露”怎么办

万一战场“暴露”，被孩子目击了怎么办？别慌！按这三步紧急修复程序走：

第一步：及时按下“暂停键”+物理联结

一旦发现门缝后那双惊恐的眼睛，立刻！马上！停火！手里有啥举啥（白毛巾、纸巾，甚至白T恤），示意“战争结束”！爸爸/妈妈立刻过去，紧紧抱住孩子！用温暖的怀抱和抚摸后背，建立最直接的物理安全感连接。同时，用最简洁的话定性：“对不起宝贝，吓到你了。爸爸妈妈刚才说话太大声了，就像你有时候也会很生气一样，我们在学习怎么好好说。”此刻，控制好自己的懊悔和情绪，优先安抚孩子！

第二步：事后“解码”真相（等孩子情绪稳定后）

等几个小时甚至第二天，孩子平静了，确保你们俩也真正和解了，再开个小家庭会。蹲下来，看着孩子的眼睛，用他能懂的话解释：

“昨天爸爸妈妈因 ×××（用具体简单的事由代替，比如买什么颜色的新车）而有点不同想法，说话太急了。”

最重要的一句切割：“这完全是爸爸妈妈自己的事情，和你一点关系都没有！你特别好，我们永远爱你！”

甚至可以展示点“后果”：“你看，妈妈/爸爸太激动，嗓子都哑了/头都疼了，乱发脾气自己也不舒服。”让孩子直观看到情绪失控的代价。

第三步：重建“安全屋”示范

当着孩子的面，完成你们的和解仪式！可以互相说句：“对不起，我刚才太急了。”“嗯，我也不该那么大声。”来个拥抱，或者玩个小游戏：写个“和好任务卡”（给对方倒杯水、一起拼乐高），让孩子见证“暴风雨后的彩虹”，这比任何说教都管用！

三、从源头减少“战火”最关键

当然，最高段位是从源头减少“战火”！几个妙招学起来：

设立“吐槽大会”时间：每周固定一个时间（比如周日晚饭后），全家轮流说说这周遇到的烦心事、小委屈。规矩：只描述事情和感受（“这周工作好累”“妹妹抢我玩具我不高兴”），禁止人身攻击（“你就是懒”“你总是这样”），让情绪有安全出口。有家庭实践后反馈，原本憋着的大矛盾，在“吐槽大会”上变成了全家一起想办法解决的“家庭项目”，孩子还贡献了超多“鬼点子”！

发明“冷静暗号”：感觉要吵起来时，一方或孩子可以喊出暗号（比如“香蕉牛奶”“恐龙要睡觉啦”），听到暗号，双方必须立刻停火，各自去冷静角待10分钟。等情绪稳定下来，再回来心平气和谈。

培养共同“灭火”爱好：一起追一部剧、拼一个巨型乐高、养一盆植物，甚至可以一起打局合作类游戏！在共同专注和合作中，增进理解，消弭戾气。有对夫妻以前总为家务吵，后来约定一起每周学做一道新菜，在厨房手忙脚乱互相“甩锅”（笑料）中，反而找到了乐趣，吵不起来了。

说到底，没有不吵架的夫妻，但有会“聪明吵架”的父母！父母处理冲突的方式，就是孩子未来情感关系的“原始代码”。那些曾目睹父母从激烈争吵到理性沟通、真诚和解全过程的孩子，反而在脑中构建了强大的“情绪安全回路”——他们明白：冲突不可怕，重要的是如何修复；愤怒是正常的，但爱是永恒的底色。

孩子不需要完美的父母，他们需要看到真实的、也会犯错但懂得修复关系的父母。当父母能在争吵后坦诚地说“我刚才失控了，对不起”，当父母能笑着展示被气红的眼眶却依然紧握的双手，父母就是在撕下“完美超人”的假面，向孩子展示最珍贵的人性课——接纳不完美，学习在裂痕中生长。

最高明的家庭教育，从来不是打造无菌真空罩，而是牵着孩子的手，一起穿越生活的雷阵雨，教他们辨认乌云后的微光，修葺被风雨打湿的屋檐。当孩子亲眼见证父母如何在愤怒的废墟上重建理解的桥梁，他们收获的，将是一生受用的勇气——相信爱能弥合一切裂痕，相信家永远是暴风雨后最温暖的归港。

第五课

社交力与安全感的培养

01 社交对孩子成长的意义

社交的目的是更好地适应社会。作为社会人，人类并非孤立存在，而是需要融入社会。因此，社交技能在孩子成长过程中必不可少。

培养社交技能可以帮助孩子建立健康的人际关系。父母可以引导孩子学会表达自己的情感和需求，同时教导他们倾听他人的声音、理解别人的需求。这样，孩子就能更好地与他人建立良好关系，在社交中获得更多支持和帮助。

很多成年人认为社交就是“交朋友”“混圈子”，这种认知就像把航母当成渔船，完全低估了社交的分量。从生物进化角度看，人类能站上食物链顶端，靠的从来不是尖牙利爪，而是抱团取暖的智慧。原始人围猎猛犸象需要分工，现代人完成项目需要协作，本质上都在重复同一套生存逻辑：独狼死得快，群狼活得久。

一、孩子在社交中获得成长

孩子社交中的冲突与磨合，实则是成长与认知关系发展的催化剂。当孩子说“这是我的，你可以玩十分钟”时，他就会逐渐懂得：据理力争是守护正当权益的坚定，适时退让也是理解他人、共情他人的表现。社会学视角下的“互惠性原则”告诉我们，健康的社交关系建立在“既有坚守又有包容”的平衡之上，就像太极拳的刚柔并济——进时留退路，退时藏劲力。这种智慧终将在未来的职场谈判、家庭沟通中，化作化解冲突的春风细雨。

而在更深刻的层面上，孩童世界的“小计较”里，藏着成人社会的大原则。当孩子为糖果争执、为游戏排名计较时，正是学习看待“利益”与“原则”关系的契机。“己所不欲，勿施于人”是底线，“己所欲，亦勿强施于人”是格局。教会孩子在小组合作中争取机会却不窃取成果，在竞赛中全力以赴却坦然接受失败，实则是帮他们建立社交的“坐标系”——横轴是对合理利益的追求，纵轴是对道德底线的坚守。这样的孩子长大后，自会懂得真正的尊严源于有所为而有所不为，不会为升职不择手段，也不会因怕得罪人放弃原则。

二、青少年社交的三大硬核功能

不会社交的孩子，就像没装操作系统的电脑，硬件再好也开不了机。社交对孩子成长来说有三大硬核功能：

1. 信息交换站

想象两个原始部落：一个天天围坐篝火分享哪里能找到野果，一个各自闷头乱撞。哪边更容易活下去？答案显而易见。现代社会不过是把野果换成了升学信息、职业机会。那些在家长群里如鱼得水的妈妈，在小区广场和谁都能唠两句的孩子，本质上都在做原始人做的事——搭建信息网络。

2. 情绪缓冲带

青春期孩子宁可和网友聊通宵，也不愿和父母说三句话。不是他们冷漠，而是同龄人更能接住情绪炮弹。心理学有个“压力分担效应”：当痛苦被多人分担，每人承受的伤害值会指数级下降。这就是为什么有朋友的孩子抗压能力普遍更强。

3. 能力训练场

谈判桌上的据理力争，团队合作时的妥协退让，拒绝别人时的分寸拿捏……这些高阶生存技能，没有教科书能教，全靠社交实战练出来。就像学游泳必须下水，社交能力只能在人际碰撞中打磨。

三、谨防这些社交误区

1. 警惕社交教育的三大“毒鸡汤”

“多个朋友多条路”——没本事的人，朋友再多也是死胡同。与其教孩子巴结人，不如教他们修炼硬实力。老一套的谚语或许只是顺口溜，无法涵盖每个特殊个体。

“吃亏是福”——长期吃亏的孩子会形成“讨好型人格”。要教孩子守住底线：可以分享零食，不能出让尊严；可以帮忙代值日，不能替人写作业。

“要合群”——狼群不会收留绵羊，强行合群只会被吞噬。

告诉孩子：与其硬挤不适合的社群，不如自己建个新社群。有这样一句话“融不进的社群别硬挤，难为了别人，作践了自己”，既适合成年人，也适合逐渐长大的孩子。

当然，社交教育的终极目标绝非让孩子变成“人精”，而是帮他们成为“完整的人”：能享受热闹，也能安于独处；敢据理力争，也懂适时退让；会争取利益，也守得住底线。

更是站在成人的角度回看，很多真正有效的社交并非靠技巧换来。宴席上的左右逢源、职场上的“八面玲珑”，只是社交的微小部分；真正重要的是，一个人能在热闹中保持清醒，在独处时守住丰盈，在碰撞中懂得分寸，在诱惑前坚守本心。这才是社交教育的本质——帮孩子在内心搭建起一座四通八达的桥梁。

人类既是群居动物，又需要一片精神的自留地。社交中的“热闹”是生命与世界的共振，“独处”则是灵魂与自我的对话。一个能从容独处的人，往往拥有更清晰的自我认知，就像装满水的杯子，只有先知道自己的容量，才能恰到好处地倾倒。那些从小在群体中练习分享合作、在独处时探索内心宇宙的孩子，长大后自会明白：社交的本质不是依附，而是两个独立灵魂的平等对话——既能在会议室侃侃而谈，也能在深夜享受阅读的宁静。

2. 千万别把“培养社交”搞成“社交表演”

逼着孩子见人就喊“叔叔阿姨”，聚餐时必须表演才艺，美其名曰“锻炼胆量”，这不是培养社交，而是在搞“表演”。真正有效的社交教育要抓住三个重点：

第一，教真实，不教套路。与其让孩子背“礼貌用语大全”，不如教他们仔细观察，思考别人皱眉时如何转换话题，气氛尴尬时怎样破冰。就像学武功要练内功心法，而不是死记招式。

第二，要深度，不要数量。研究发现，拥有 3~5 个深度好友的青少年，抑郁风险比社交广泛但交友肤浅者低 40%。真正的社交质量不看通讯录人数，而看遇到困难时能拨通几个有效电话。

第三，练胆量，更要练分寸。敢说话是本事，会闭嘴是智慧。教孩子发表观点，也要教他们懂得何时倾听。就像好司机不仅要会踩油门，更要懂刹车。

社交教育的重点在于引导孩子成为“自带光芒的个体”。一个人的吸引力从不来自刻意讨好，而是源于活成“价值高地”。在成长中被允许保持真实个性的孩子，终会明白：社交不是戴面具的表演，而是摘下面具的共舞。青春期不为合群改变穿衣风格，长大后便不会为迎合隐藏真实想法，因为他们知道，真正的联结始于坦诚，伪装只会加速关系的破裂。

真的希望每个孩子在青春的交往中，都能像武侠小说里的高手：既能使出凌厉剑招，也能收敛杀气。无论走到哪里、身在哪所学校，都能泰然自若，不必讨好谁，自然有人愿意靠近，因为他们活成了社交圈里的“价值高地”——别人靠近不是为了占便宜，而是想成为更好的人。

02 克服自卑，提升孩子的社交能力

孩子蜷缩在游乐场角落，拿着玩具却不敢加入人群时，一些家长或爷爷奶奶辈的人直接误判这是性格缺陷，给孩子贴上“内向”“不合群”“不擅交际”等标签。那你有没有想过，这可能是孩子潜意识中的自卑感在作祟？这种自卑感是人类进化保留的预警系统——它像敏感的触角，提醒个体在陌生环境中保持警惕。

一、需要被理解、被接纳的“自卑感”

先从理解自卑的本质入手。自卑感如同心灵的暗影，常被视为需要驱散的负面情绪，实则藏着人类进化赋予的生存智慧。当孩子面对陌生人群时颤抖退缩，本质上是基因记忆在发出预警——远古时代被部落排斥意味着死亡威胁。这种深植于潜意识的自我保护机制，在钢筋水泥的现代社会却常成为成长的枷锁。它不是性格缺陷，而是生命体在陌生环境中校准安全距离的本能反应。

此时，若强行将孩子推入人群，如同在寒冬掘开幼苗的根系。智慧的做法是为其建立“认知缓冲带”：当孩子因害羞不敢打招呼时，不妨说：“妈妈小时候也会紧张，我们可以先观察其他小

朋友怎么玩。”这种共情式引导，将“失败”重新定义为“准备”，让自卑从阻碍变为保护伞。神经可塑性理论证实，持续的正向认知重建能改变大脑神经回路，使孩子逐渐从“我做不到”转向“我正在学习”。

二、社交能力的生长逻辑：根系培育先于枝叶伸展

许多家长有一个误区，将社交能力等同于外在的语言技巧，却忽略了内在精神力量的培育。真正的社交教育如同种树，只有根系扎实才能枝繁叶茂。这个根系包含三个维度：自我价值认同、情绪调控能力与风险耐受阈值。当孩子确信“我有存在的价值”，明白“尴尬不会杀死我”，知晓“被拒绝不等于失败”，自然能在社交场域中从容生长。

1. 培育根系需要创造情感安全基地

在家庭生活场景中，可以有意识地让孩子主动发起对话、尝试新社交行为。作为家长，要及时引导、及时发现、及时肯定，每次鼓励都像是在成长纪念册上贴一朵小红花，往梦想储蓄罐里投一枚硬币——贴的是勇气的勋章，投的是成功的印记。这不仅仅是物质奖励，而是可视化的成长轨迹。当红花满墙、储蓄罐渐满，孩子的自我效能感也随之增强。

还可以在家庭中建立一个私密的“容错文化”：全家定期分享各自最尴尬的社交经历，父母带头讲述年轻时出糗的故事。当然，讲的事情也要有取舍，孩子这个时候对隐私话题的认识维度还不

够，极有可能你今天说的糗事，明天就被“大嘴巴”的儿子或女儿告知天下了，这种成年人的尴尬在我家老公和女儿身上就发生过。但总体来看，这种经验还是比较受用的，能让孩子明白，社交失误不是个人污点，而是人类共有的生命体验。

2. 在安全边际试探生长

对于社交中极度退缩的孩子，家长对其能力提升一定要遵循“最近发展区”原理，就像学步幼儿总在能扶到桌椅的范围内尝试行走。家长需要为孩子设计“可触及的挑战梯度”，在现有能力边界外 5% 的区域设置目标。例如：对极度退缩的孩子，首阶段目标可以是“每天对熟人微笑三次”；适应后升级为“在便利店自主购买棒棒糖”；进阶版则是“主动询问玩伴游戏规则”。

在此过程中，社交抓手的搭建尤为关键。当孩子准备参加生日会时，提前用布偶模拟可能出现的场景：“如果大家都围着寿星怎么办？”“蛋糕分配不公怎么处理？”这种预演不是机械背诵技巧，而是培养应变思维。就像消防演习不会引发火灾却能提升生存率，情景模拟能显著降低现实社交的焦虑指数。其实这种方法不仅适用于孩子，也同样适用于大人，也有很多人不知不觉中在应用。比如在一个重要社交场合，你也会在心里预想会遇到什么人，聊一些什么样的话题，如何能更好地破冰，如何让交际避免尴尬。这是每个成年人都会做的事，就看你有没有意识把心思用在孩子身上。

3. 在互动中确认存在价值

心理学家库利提出了“镜中我”理论：人的自我认知源于社会反馈。自卑的孩子往往困在扭曲的镜像中，容易错误或片面地关注自身某方面的笨拙与局促。这时，家长需要成为第一面“校准镜”，用特定的反馈语言重塑孩子的自我认知——把常说的话有意识地改为正向引导的表达。比如将“你今天怎么不叫人”改为“我发现你观察阿姨的表情很认真”；把“别躲在后面”替换成“你站在这里，让妈妈感觉特别安心”；用“虽然没拿到奖品，但你举手的速度比上次快”替代“下次要更努力”。这种反馈机制如同为模糊的镜面擦拭水雾，让孩子看见自己未曾察觉的优势。当内在的自我认知逐渐清晰，外在的社交表现自然会发生蜕变。就像平静的湖面才能映出完整倒影，稳定的自我价值感是建立健康社交关系的基石。

4. 在联结中超越技术焦虑

“叔叔、阿姨下午好”“阿姨您真漂亮”“叔叔您真帅”——很多家长的社交训练是从这里开始的吧？其实这样做并非不可，但容易陷入技术主义陷阱：过度强调技巧与礼仪规范，却忽略了情感联结的本质。真正的社交能力提升，不是学习表演技巧，而是培育共情能力与关系智慧。

咱们可以通过“双人育苗计划”来实现：

第一步，让孩子照顾一盆植物，每周向家人汇报生长情况（培养持续关注力）；

第二步，与固定玩伴共同养育仓鼠，协商分工照料职责（建立责任共担意识）；

第三步，在小区发起旧玩具修复计划，邀请其他孩子参与（创造价值联结场景）。

这类活动蕴含深层社交要素：需要持续投入、学会换位思考、处理意见分歧，却又避开了直接的人际压力。当孩子在具体事务中体验关系的建立与维护时，抽象的社交概念便落地为可触摸的生活相处经验。

三、将裂痕转化为光之径

在课堂上发言声音颤抖的孩子，被拒绝加入游戏的孩子……每一个这样的孩子，此刻都站在重要的成长节点上迷茫徘徊。家长的处理方式，将决定这些创伤成为永久伤疤还是生长契机。万物难免有裂痕，那是光照进来的地方。家长此时要做的，就是帮助孩子把裂痕转化为光照进来的路径。

我总结了三个可递进使用的有效干预办法：

即时情绪化解：用拥抱替代说教，说“刚才确实很难受吧”，而非“这有什么好哭的”。

认知仪式重启：带孩子把失败经历画在纸上，举行“错误告别礼”，有仪式感地与没发挥好的当下告别。

微型胜利计划：设定 24 小时内可达成的微小社交目标，比如向楼下不认识的奶奶问好、放学跟同学的妈妈打个招呼，越简单、越容易达成越好。

此外，还可以定期开展“家庭不完美大会”：全家各自分享本周最尴尬的社交瞬间，投票选出“进步最大的失误”。当孩子发现父母在社交中也会出现语言笨拙与内心挣扎的情况时，对“完美社交”的执念便会逐渐松动——原来大人也一样，不必害羞，没什么丢脸的，好人缘也是练出来的。这种“祛魅”过程，恰恰是建立健康社交观的关键。正如那句话所说：“勇敢者先享受世界。”孩子的社交关系往往始于简单直接的尝试，勇敢的人才能先结交到新伙伴。

在安全的环境中试错，在温暖的注视下成长。当家长放下“必须成功”的焦虑，转而提供“允许失败”的土壤，那些蜷缩在角落的孩子终将明白：社交不是可怕的考核，而是发现自我与他人、个体与世界的奇妙旅程。

真正的蜕变往往始于某个不经意的瞬间：可能是第一次完整说出“我可以加入吗”，可能是主动扶起摔倒的玩伴，也可能是

平静接受他人的拒绝。这些瞬间连缀成光，照亮了从自我封闭走向从容联结的道路。

而家庭教育的真谛，就是守护这些光芒的诞生——不用蛮力修剪，不用单方面的热情灌输，不用不当语言刺激，而用理解去包容，用行动去引导，用更高级的思维方式带来影响。愿意等待，懂得陪伴，直到每一株由你守护的独特生命，都找到属于自己的绽放姿态。

03 别让“讨好”偷走孩子的成长力量

在幼儿园里，明明是自己最喜欢的玩具，却因怕小伙伴不开心而拱手相让；在课堂上，即便有绝妙的想法，也因担心回答错误被嘲笑而默默低头。

成年人的世界里，这类场景更是屡见不鲜：职场中，面对同事不合理的加班请求，明明疲惫不堪，却硬撑着说“没问题”；朋友聚会时，明明想吃火锅，却因他人一句“烧烤更好”就立刻附和。

讨好型人格的人，他们的语言里满是“没关系”“我都行”“听你的”，行为上充斥着对他人情绪的过度关注。一句无心的调侃，会让他们辗转反侧整夜，反复琢磨自己是否说错了话；一个淡漠的眼神，就能让他们陷入自我怀疑的深渊，不断反思是不是哪里做得不够好。这种过度敏感与自我压抑，让他们逐渐失去了表达真实想法和需求的能力，活成了他人眼中的“完美配角”，却唯独弄丢了自己。

一、讨好型人格的成因

弗洛伊德的精神分析理论为我们揭开了讨好型人格形成的神秘面纱。这类人内心深处潜藏着“我不值得被爱”的自我否定。这种扭曲认知的形成，家庭环境往往是关键诱因，父母不经意间的言行，可能成为孩子心灵上难以磨灭的烙印。

有些父母用控制欲编织牢笼，对孩子说“你是我生的，必须听我的”，类似话语像锋利的匕首，刺向孩子稚嫩的心灵，让他们从小就活在被抛弃的恐惧中。为了牢牢抓住这份“爱”，孩子只能压抑自我，拼命讨好，把父母的喜怒哀乐当作自己行为的唯一准则。

还有些父母用过高的期待作为标尺，这种情况经常发生在一些高知家庭。父母名牌大学毕业，是行业精英、管理层，属于中产阶层，这些都是他们的标签。他们自身也是一路在书山学海中打拼而来，对孩子的要求相当极致，总是拿自家孩子跟别人家的比，跟自己的过去比："看看人家小丽又考了第一名""别人考满分，你就只考了90分""我上学的时候比你可强多了"。时间久了，孩子就会压抑自己的需求，努力满足别人的期待。在这种永无止境的比较中，孩子的自我价值感被不断削弱。他们逐渐相信，只有满足他人期待，成为别人眼中的"优秀模板"，才能获得认可和爱。于是，他们收起自己的个性与需求，戴上"完美孩子"的面具，在讨好的道路上越走越远。

二、解铃还须系铃人

想要帮助孩子摆脱讨好型人格的桎梏，父母需要成为孩子生命中的"破局者"，用智慧与爱为孩子搭建起健康人格的基石。

1. 情感支持是驱散恐惧的阳光

父母每天不妨抽出一段专属时光，像打开魔法盒一样倾听孩子的故事："宝贝，今天学校有没有发生什么有趣的事儿？快和妈妈分享分享！"当孩子展示自己的画作时，不要吝啬赞美："哇！你画的房子好像童话里的城堡，太有想象力了！"这些看似平常的对话和鼓励，能让孩子真切感受到自己被关注、被重视。在爱的滋养中，内心的安全感会如藤蔓般慢慢生长，逐渐驱散恐惧的阴霾。

2. 强调孩子的独特价值是点亮自信的明灯

每个孩子都是独一无二的星辰，父母要善于发现孩子的闪光点。当孩子精心搭配好一身衣服时，真诚地夸赞："宝贝，你的穿衣搭配太有个性了，时尚小达人非你莫属！"鼓励孩子大胆追求自己的兴趣爱好，无论是绘画、音乐，还是手工，都让他们在热爱的领域里尽情探索。当孩子在自己擅长的事情中获得成就感，就会深刻认识到自身的价值，不再盲目寻求外界的认可。

3. 自尊自信让孩子有能力做自己

父母要尊重孩子的想法和选择，告诉他们："妈妈知道你有自己的主意，这件事就按你的想法去做吧，妈妈相信你！"孩子参加比赛时，比起结果，更要关注过程："宝贝，不管有没有得奖，你努力拼搏的样子就已经是最棒的了！"这种无条件的支持，能让孩子在面对挫折和质疑时，依然坚定地相信自己，不轻易否定自我。

4. 给予适当自主权，孩子越来越有主见

暑假来临，当孩子提出先放松两天再做作业时，不妨尊重他们的决定："好呀！你可以自己安排时间，相信你能把学习和玩要都兼顾好！”在日常生活中，多让孩子参与决策，小到选择晚餐吃什么，大到规划周末活动。这种自主体验能帮助孩子培养独立思考能力，减少对他人认可的依赖，成长为有主见、有想法的个体。

5. 教会孩子勇敢说“不”

父母要让孩子明白，权威的话语并非金科玉律，即便是老师和家长说的话，也可以大胆提出自己的见解：“要是你觉得老师讲的哪里不对，就勇敢说出来，说不定还能帮老师发现小错误呢！”同时，要教会孩子分辨真心与假意，对于那些不怀好意的要求，要果断说“不”：“如果有人故意欺负你，别害怕拒绝，爸爸妈妈永远是你最坚强的后盾！”

打破讨好型人格的枷锁，需要父母用爱与耐心，一点点剥开孩子层层包裹的伪装，重新唤醒他们内心真实的自我。当孩子学会在爱自己的基础上拥抱世界，不再用讨好换取认可，他们才能真正绽放出属于自己的光芒，在人生的舞台上，成为自信、独立、耀眼的主角。

04 告别分离焦虑，帮孩子逐渐适应幼儿园新环境

每年九月份幼儿园门口上演的“史诗级离别”，堪称当代亲子关系的魔幻剧场：孩子挂在家长身上，化身“人形树懒”，鼻涕眼泪糊了一脸，高喊“不要走”；家长则咬着牙上演“含泪断舍离”，一边掰开孩子的手指，一边在心里默念“为了你好”。这哪是送娃上学？分明是复刻原始人被逐出部落的生存危机——毕竟在人类幼崽的认知里，“离开爸妈”就等同于“下一秒被恐龙叼走”。

一、分离焦虑的本质：被误解的生存警报

别小看孩子撕心裂肺的哭闹，这可是刻在人类 DNA 里的顶级防御系统。神经科学研究显示，当孩子与父母分离时，大脑会瞬间拉响红色警报：压力激素皮质醇水平飙升 300%，相当于往身体里灌了三杯超浓咖啡。这时候孩子的每一声哭喊，都是原始本能在尖叫："检测到母体脱离！启动紧急防御机制！"

现实中，家长却常陷入两大误区：信奉"突然消失法"的，相当于在孩子心理防线埋炸弹；搞"无限补偿式溺爱"的，则是往焦虑火药桶里倒油。

曾经有位家长分享"血泪史"：她听信"狠心离开"的育儿偏方，把 3 岁孩子直接丢进幼儿园，结果孩子连续 3 个月不敢睡觉，总担心睁开眼妈妈就会消失。这种创伤，就像在孩子心里种下了一颗"分离恐惧"的种子。

那些上中学还得视频查岗父母定位的"妈宝战士"，抱着妈妈睡衣才能入睡的"共生宝宝"，本质上都是精神脐带过度发育的产物。

解决分离焦虑，比拆弹专家的工作还讲究技术——既要剪断依赖，又不能破坏孩子的安全感。

二、提前准备，帮孩子点亮一盏前行的灯

"不打无准备之仗"，这句话特别适用于帮助孩子适应新环境。

在孩子入园前的几周甚至几个月，父母就可以开始为孩子做好心理铺垫。这个过程，就像为孩子即将开启的新旅程绘制一幅详细的地图，让他们对未知的世界有大致的了解，减少内心的不安。

父母可以用充满童趣的方式，为孩子描绘幼儿园的美好画面。比如，和孩子一起阅读关于幼儿园生活的绘本，像《我爱幼儿园》《小阿力的大学校》，通过生动的故事和精美的插图，让孩子直观地感受到幼儿园的生活场景。

除了借助绘本，父母还可以带孩子实地参观幼儿园。隔着围栏，指着操场上的滑梯、秋千，告诉孩子："你看，那个滑滑梯又高又长，从上面'嗖'地一下滑下来可刺激啦！等你上幼儿园，就能和小朋友们一起比赛，看谁滑得更快。教室外面还有跷跷板，你可以和小伙伴一边玩，一边分享有趣的事情。"同时，介绍幼儿园的日常作息，比如："每个小朋友都有一张可爱的小床，中午可以舒舒服服地睡午觉。下午的时候，老师还会给大家准备香甜的水果茶和美味的小零食。"

这种提前准备，不仅能让孩子对幼儿园的生活有具体的认知，更重要的是，在父母充满期待和喜悦的描述中，孩子会逐渐对新环境产生向往，就像种下一颗种子，在温暖的阳光和雨露的滋养下，慢慢生根发芽。

三、给孩子一把打开友谊之门的钥匙

在孩子踏入幼儿园这个小型社会后，掌握一些基本的社交技

巧，就如同拥有了一把打开友谊之门的钥匙。然而，对于年幼的孩子来说，社交技巧并非与生俱来，需要父母耐心地引导和示范。

教孩子自我介绍是最基础也是最重要的社交技能。父母可以在家和孩子玩“模拟幼儿园”的游戏，扮演不同的小朋友和老师。比如，妈妈扮演新同学，对孩子说：“你好呀，我叫朵朵，今年五岁了。我最喜欢玩积木，我能搭出高高的城堡。你叫什么名字呀？我们可以一起玩吗？”通过反复的角色扮演，让孩子熟悉自我介绍的流程和内容。同时，鼓励孩子在介绍自己时，加入一些个人特色，比如：“我叫明明，今年四岁半，我会背好多古诗，我给你背一首《咏鹅》吧！”这样独特的自我介绍，更容易让孩子在小伙伴中留下深刻的印象。

分享意识也是孩子在社交中不可或缺的品质。在日常生活中，父母可以引导孩子与家人分享食物、玩具。比如，吃水果时，对孩子说：“宝贝，这个苹果又大又甜，我们一起分享吧，你一半，我一半。”当孩子愿意分享时，及时给予肯定和表扬：“你真是个大方的好孩子，和别人分享会让大家都很开心哦！”慢慢地，孩子就会明白分享的快乐，在幼儿园也会更愿意与小伙伴分享自己的玩具和故事，从而拉近彼此的距离。

此外，教会孩子如何礼貌地加入游戏也很关键。很多孩子想和其他小朋友一起玩，但不知道该怎么开口，往往只能站在一旁眼巴巴地看着。父母可以告诉孩子：“如果你想和小朋友一起玩，要先等他们暂停游戏，然后有礼貌地问：‘我可以和你们一起玩吗？’如果他们同意了，要记得说谢谢哦。”还可以教孩子一些开启对话的小技巧，比如观察其他小朋友的玩具或活动，然后说：“你搭的火车好长呀！我家里也有好多火车积木，我们可以把它们连在一起，变成超级长的火车！”

四、主动交流，点燃孩子的社交热情

鼓励孩子主动与他人交流，并及时给予肯定和夸赞，让孩子在社交中有获得感，也让他们找到结识新朋友的方向。对于性格内向或胆小的孩子来说，主动交流可能是一件困难的事情。这时，父母需要给予孩子足够的支持和引导，帮助他们克服内心的恐惧。大家也可以参考前面克服自卑、提升社交能力的相关内容，很多底层逻辑都是相通的，并且低龄段幼儿引导起来更容易把控。

在日常生活中，父母可以创造一些机会，让孩子练习主动交流。比如，去超市购物时，让孩子帮忙询问售货员阿姨商品的位置：“宝贝，你去问问阿姨牛奶放在哪里好吗？”当孩子成功完成任务后，及时给予表扬和鼓励：“哇，你刚才说话声音又响亮又有礼貌，阿姨都夸你了呢！”通过这些小事情，逐渐增强孩子主动交流的自信心。

当孩子进入幼儿园后，父母可以引导他们从简单的问候开始。比如，每天早上送孩子入园时，提醒孩子主动和老师、小伙伴打招呼：“快和老师说早上好，再和旁边的小朋友打个招呼吧！”

在孩子放学回家后，和孩子聊聊在幼儿园的社交情况：“今天有没有和新的小朋友一起玩呀？你们玩了什么好玩的游戏？”如果孩子主动交流遇到了困难，父母可以和孩子一起分析原因，给予具体的建议。比如，孩子说想和某个小朋友玩，但不知道怎么开口，父母可以说：“下次你看到他在玩玩具，你可以先夸夸他的玩具，然后问问能不能一起玩，说不定他会很开心和你做朋友哦！”

此外，父母还可以鼓励孩子在集体活动中积极表现自己。比如，幼儿园组织讲故事比赛，即使孩子一开始有些犹豫，父母也可以鼓励他：“宝贝，你平时讲的故事那么有趣，要是在小朋友们面前讲，大家一定会很喜欢的！就算讲错了也没关系，勇敢尝试就是最棒的！”孩子在集体活动中展现自己，不仅能增强自信心，而且容易吸引其他小朋友的关注，从而建立友谊。

五、支持理解，让孩子的社交底气十足

孩子适应新环境的过程，就像一场漫长的旅程，途中难免会遇到各种困难和挫折。在这个过程中，父母的支持和理解，就是孩子最坚实的依靠，是他们在风雨中前行的动力源泉。

父母要时刻关注孩子的情绪变化，耐心倾听他们在新环境中的感受和经历。每天孩子放学回家后，留出专门的时间和孩子聊天。不要只是简单地问“今天在幼儿园开心吗”，而是用更具体、更温暖的问题打开孩子的话匣子：“宝贝，今天在幼儿园有没有发生什么有趣的事情呀？有没有哪个小朋友让你印象特别深刻？”

当孩子倾诉在幼儿园遇到的困难，比如和小朋友发生了矛盾，被老师批评了，父母不要急于评判或给出解决方案，而是先共情孩子的感受："听起来你很委屈，要是我遇到这样的事情，也会很难过的。"让孩子感受到自己的情绪被理解和接纳。

除此之外，培养孩子的转述能力也非常重要。孩子白天在幼儿园生活，家长并不能看到孩子在幼儿园里发生的事情，所以父母要有意识地培养孩子的转述能力，可以问孩子"今天在幼儿园开心吗""有没有人欺负你呢？有的话一定要告诉爸爸妈妈，不管是谁，爸爸妈妈都会保护你的"，这样一来，家长就可以了解孩子在幼儿园里的状态。如果孩子受欺负了，家长也会第一时间知道，及时进行适当正确的干预，避免孩子受到更大的伤害。

当你的孩子在陌生海洋航行时，你准备的每个工具都在增加安全抵达彼岸的概率。请记住：适应不是征服，而是带着安全感探索未知的勇气。

05 引导孩子构建有价值的社交关系

儿童派对上，8岁的林林攥着一把奥特曼卡片四处分发，却依然孤零零地站在角落。这种无效社交的困境，暴露了很多家庭的教育盲区——把社交能力简化为“认识多少人”，却忽略了关系的价值密度。真正有价值的社交不是撒网捕鱼，而是精准淘金：用真诚共振筛选同频者，用价值交换沉淀深度联结者。而那些泛泛之交的互动，只会让孩子沦为“情感苦力”——忙着讨好所有人，却喂不饱自己的灵魂。这就好比孩子在社交市场上做赔本买卖，看似交易频繁，实则血本无归。

别小看孩子的社群，这是他们的“微型社会实验室”。心理学研究显示，拥有高质量社交的孩子，抗挫折能力比同龄人高40%，甚至连数学成绩都更优秀——毕竟协调团队分工可比解数学题更考验脑力！反观那些“社交黑洞”类孩子，可能正上演现实版“社死”现场：抢玩具时化身“霸道总裁”，聊天时秒变“话题终结者”，活生生把友谊的小船划翻。

许多家长还停留在“社交=不打架”的初级认知，殊不知，真正有价值的社交，是教会孩子在关系中既能输出温暖，又能吸收能量，把每段关系都经营成互利共赢的友谊合作社。

一、在日常交往中成为关系专家

真正的社交高手，都是精明的“情感经济学家”。他们懂得：

- 投资稀缺资源：用真诚时间替代廉价讨好。
- 建立价值账户：存入理解、支取支持、避免情感透支。
- 识别泡沫关系：远离只会索取的“社交高利贷”。

当12岁的童童拒绝为班级小团体传闲话时，她说：“我的舌头很贵，只说值得的话。”这种清醒的自我估值，才是父母给孩子最奢侈的社交财产。每个社交达人背后，都站着一位深谙社交教育之道的“神级家长”！

二、在团队合作中修炼社交能力

足球场上，教练怒吼“传球啊”时，9岁的阳阳机械地踢出足球，眼中光芒渐熄。这种常见的团队活动，正在批量生产“服从机器”——孩子们像被输入指令的机器人，精准执行战术，却丧失了思考的火花。真正的合作能力培养，应该激发的是野性思考与文明执行的混血智慧。当团队沦为流水线，社交便退化成冰冷的零件咬合，而非灵魂的共振。

团队活动堪称社交能力的“超级孵化器”，有些孩子却把它玩成“社死现场”：要么拖后腿，用“我做不到”摧毁团队士气；要么搞内讧，把小组任务变成个人秀场。这些症状暴露了传统团队训练的致命伤——过分强调服从与和谐，扼杀了冲突的价值。就像修剪整齐的盆景永远长不成参天大树，无菌环境孵化的“合作精神”经不起现实风雨。

真正的团队精神不是塑料花般的虚假和谐，而是经历过火山喷发后形成的肥沃土壤。当孩子们学会在争吵中保持尊重，在失败中挖掘惊喜，在混乱中建立秩序，他们便掌握了社交关系的终极奥秘：最好的合作，往往诞生于最不可能的情境。就像热带雨林的共生系统——树木争夺阳光时根须却在土壤深处紧密缠绕，既是对手又是盟友，这才是生命最本真的协作形态。

有价值的社交关系，从来不是温室里的盆景，而是雨林中的共生系统。当家长停止用“要合群”的剪刀修剪孩子，当家庭不再用“乖不乖”评判社交成败，孩子蜷缩起的灵魂，终将在属于自己的生态位绽放。

有一天你会看见，那个曾被嘲笑“古怪”的女孩，用对昆虫的痴迷组建科学社团；那个“不合群”的男孩，用编程天赋吸引来自全球的伙伴。这世界从不需要社交“演员”，而是渴求带着锋芒与温度的真实生命——他们不必迎合任何标准，因为他们自己就是标准。

第六课

学习力的提升

01 梦想仓库，孩子成长的原动力

“妈妈，我想当太空人！”“我长大了要养100只流浪猫！”

孩子天真地说出这些话时，眼里闪烁的光芒便是童年最动人的风景。但不知何时起，这样的“豪言壮语”渐渐消失了。初中教室里，当被问到“未来想做什么”，不少孩子沉默片刻后说：“不知道，先考个好高中吧。”梦想的缺席，本质是成长动力的匮乏。正如心理学家荣格所说：“人类需要梦想，就像需要空气和水。”下面我们将通过“梦想仓库”这一工具，探讨如何让孩子在现实土壤中种下梦想的种子，让成长之路有迹可循。

一、为什么要给孩子建“梦想仓库”

梦想不是“长大后的事”，而是成长的“燃料”。

麻省理工学院研究发现，当孩子谈论梦想时，大脑前额叶皮层（负责规划与决策）和边缘系统（负责情感）的活跃度显著提升。这种“梦想激活效应”能增强孩子的目标导向行为，使其在学习、社交等场景中更具主动性。

对孩子而言，梦想的意义远超“未来职业”的范畴。它是每日早起的动力源，是克服困难的精神支柱，是认知世界的兴趣索引，所以家长要努力协助孩子点亮自己的梦想墙。

二、梦想仓库建立从孩子大胆“搜集梦想”开始

梦想仓库的本质是“安全表达空间”，家长需放下“教育者”的评判姿态，化身记录者和采集员。

1. 物理载体选择

可采用“梦想漂流瓶”（玻璃瓶 + 彩纸）、“梦想手账本”（活页本 + 贴纸）或“线上文档”（共享表格 + 插图），根据孩子年龄灵活调整。6 岁以下建议用实物载体，增强触感体验；学龄期孩子可尝试电子文档，培养数字化管理能力。

2. 语言引导策略

启发式提问：“如果有一种魔法，能让你立刻学会一项技能，你想学什么？”

场景化联想：“周末去动物园，你觉得饲养员的工作哪里最有趣？”

反向激将法："我小时候想当漫画家，但从来没敢说，你敢把你的'奇怪想法'写下来吗？"

禁忌行为：避免说"这个不可能""太幼稚了"，甚至用"别人家孩子的梦想"进行比较。此类评价会使孩子的梦想表达意愿大幅下降。

3. 案例：6 岁女孩的梦想清单

（1）小萌的"梦想漂流瓶"

短期梦想（1~3 个月）：养一只仓鼠、学会跳绳、给芭比娃娃做衣服。

中期梦想（6 个月 ~1 年）：成为班级图书管理员、学会游泳、举办生日派对。

长期梦想（5 年以上）：成为公主、开一家糖果店、去迪士尼乐园。

（2）妈妈的回应策略

具象化讨论：针对"成为公主"，引导小萌思考："好的公主应该具备哪些品质？是像《冰雪奇缘》里的艾莎一样勇敢，还是像灰姑娘一样善良？"

阶梯式引导：将"养仓鼠"转化为"责任培养计划"，约定"每天照顾仓鼠 + 记录成长日记"，完成后可实现梦想。

跨学科联结："给芭比做衣服"对应美术设计与手工制作，妈妈带小萌参观布艺展，外婆亲自教她缝制废布料。

成果显现：3 个月后，小萌不仅学会跳绳，还能独立给玩偶设计服装，语文作业中的看图写话能力显著提升（因“编故事”成为梦想实践的一部分）。

三、用“小行动”激活“大梦想”

1. 实现梦想从“微体验”开始

父母可以帮孩子建立“梦想体验库”，将抽象梦想转化为可操作的实践项目。

梦想微体验样例表

梦想类型	微体验项目	能力培养点
当厨师	学做番茄炒蛋、参加亲子烘焙课	烹饪技能、时间管理
当宇航员	用望远镜观星、制作太阳系模型	天文知识、空间想象力
当画家	街头写生、举办家庭画展	观察力、绘画能力、表达能力

8 岁男孩晨晨想当“机器人工程师”，爸爸设计了三个阶段的体验：

启蒙期（1~3 个月）：玩积木机器人套装，学习基础拼接。

探索期（3~6 个月）：参加乐高机器人兴趣班，尝试编程控制小车。

实践期（6~12 个月）：报名“机器人挑战赛”，独立设计简易避障机器人。

成果：一年后，晨晨不仅掌握了 Scratch 编程，在老师指导下还能撰写简单的项目说明书，数学逻辑思维提升显著。

2. 把梦想和学习“挂钩”

父母可以帮孩子构建“梦想—学科”关联矩阵，让孩子看到知识的现实价值。

“梦想—学科”关联样例表

梦想职业	关联学科	具体应用场景
游戏设计师	数学 + 美术 + 语文	设计关卡难度（数学）、绘制角色（美术）、编写剧情（语文）
植物学家	生物 + 地理 + 化学	研究植物生长周期（生物）、分析土壤成分（化学）、绘制分布地图（地理）

在和孩子交流时，父母可以用下面这个模板：

“你想当________，这需要________能力。我们可以先从________学科的________知识点开始，比如________。”

示例：“你想当游戏设计师，需要设计关卡陷阱，这就需要计算陷阱间距（数学）。我们可以先玩‘搭桥游戏’，练习距离测算。”

四、避坑：别让梦想仓库变成“压力箱”

1. 允许梦想“过期”“更换”

引导孩子建立“梦想回收站”机制，定期处理旧梦想。

仪式感告别：将过期梦想写入“梦想纪念册”，记录当时的想法与启发（如“2023 年的梦想是开一家恐龙博物馆，让我学会了恐龙分类知识”）。

价值提炼：引导孩子思考“这个梦想虽然暂时放下，但它让你学会了什么”（如“想当明星让我更敢在全班面前讲话”）。

动态更新：有梦想了随时加入。

2. 别把“梦想”和“成绩”绑定

父母要尽量采用“能力导向”而非“成绩导向”的沟通策略。

错误表达：“想当科学家？先考到全班第一！”

正确表达：“科学家需要做实验记录，这和你写作文时的细节描写很像，我们可以先练习写观察日记。”

梦想不是“奢侈品”，而是成长的“必需品”。作家刘慈欣在《流浪地球》中写道：“希望，是这个时代像钻石一样珍贵的东西。”对孩子而言，梦想就是希望的具象化。当我们用“梦想仓库”帮孩子保存那份“不切实际”的勇气时，实则在保护孩子那份对世界的热爱。

02 内驱力激活，让孩子从“要我学”到“我要学”

孩子写作业要反复催，报的兴趣班说不去就不去，仿佛学习是在帮父母完成任务。你有没有过这样的无奈？其实，这就像陶行知先生当年做的那个“公鸡吃米”实验——硬按着头喂米，鸡只会挣扎；松开手，鸡反而主动啄食。孩子的学习动力也是如此：逼出来的是压力，内生的才是动力。这一节咱们就聊聊，怎么帮孩子点燃内心的“发动机”，让他们自己跑起来。

一、内在动力的三大核心“部件”

好多家长苦恼：“我家孩子啥都好，就是没上进心，学习像被抽打的陀螺，不推不动。”其实，哪有天生没动力的孩子？关键是内心驱动学习的“引擎”没启动。心理学上的“自我决定理论”揭示了孩子内在动力靠三大核心“部件”维持：自主感、胜任感、归属感。若把孩子学习动力比作一架小飞机，这些“部件”就是让飞机顺利起飞、持续翱翔的关键要素。咱们不妨把孩子的学习动力想象成一架小飞机，要飞起来得靠这几部分：

1. 左翼（自主感）：掌控方向的自由

孩子能自主做学习选择，才会觉得“学习是自己的事儿”。比如自主规划，让孩子决定“先攻克数学难题，还是先梳理语文背诵内容”“周末先读科普书，还是先探索文学名著”，赋予其学习节奏的主导权。

任务定制：结合兴趣调整学习形式，喜欢航天的孩子，学物理公式时，用“设计火箭燃料配比”的场景代入；爱画画的孩子，记英语单词可画简笔画辅助记忆。

2. 右翼（胜任感）：托举信心的力量

孩子觉得“我能做好这件事”，每实现一个小目标，就像给翅膀充气，信心越积越厚。

拆解任务：把复杂作业拆成“小关卡”，比如数学作业分“基础计算关”“应用题挑战关”，每完成一项打钩，积累“我能行”的成就感。

及时肯定：关注努力过程，解出难题时夸“你思考问题的样子真专注”；背单词时说“每天记住 10 个新单词，积累的力量超厉害”，以此强化对“能力”的确认。

3. 引擎（归属感）：爱的能量源

不管学习结果如何，孩子知道“有人无条件支持我”，家庭是永远的“安全机场”。

情绪兜底：考砸了不指责，换成“这次没发挥好，咱们一起看看问题出在哪里”；遇到挫折时安慰孩子“失败很正常呀，爸爸妈妈小时候也常碰壁，重要的是咱们一起找办法”。

情感联结：睡前聊聊学习趣事，哪怕是“今天发现用谐音记单词超好玩”；周末一起做“学习盲盒”游戏，往盒子里放学习任务卡、小奖励，把学习和亲密互动绑定。

除了三大“部件”，父母还需要给孩子安装一个螺旋桨，这个螺旋桨就是兴趣，它是内驱力的初始动力来源。

孩子天然的兴趣点，就是学习的“初始燃料”。喜欢恐龙，学地理时可以延伸“恐龙时代的地球环境和现在有啥不同”；痴迷机器人，学编程就成了“给机器人写指令”；爱画画，写作时可以给自己的作品绘制插画。把学科知识和兴趣嫁接，学习就从“任务”变成了“探索乐园”。

二、内驱力被激活的孩子能量满满

我教过一个三年级男孩小轩，之前写作业能拖到半夜，妈妈催到嗓音沙哑、血压飙升，孩子却把抵触写在脸上，书桌前坐半小时，橡皮擦能玩出“花样杂技”。引入“动力飞机模型”调整后，奇迹真的发生了：

1. 自主感重建：夺回学习“方向盘”

以前妈妈像“导航员”，强硬规划“先数学后语文”，小轩却把作业当成了“被迫执行的任务”。现在换他“掌勺”：每天放学放下书包，先喊“我要选今天的学习闯关顺序啦！我要先攻克语文阅读里的‘冒险故事’（他痴迷故事），再挑战数学应用题的‘解谜副本’”。当孩子发现“学习顺序我说了算”，被动抵抗秒变主动选择，连口头禅都成了“今天我要当学习指挥官”。

2. 胜任感积累：把作业拆成“闯关游戏”

数学作业不再是密密麻麻的压力墙，而是被拆解成“口算快速战”（三分钟限时挑战）、“应用题解谜关”（给题目编上“航天任务编号”）。每通关一项，就奖励“航天模型零件贴纸”——要知道他可是个“航天迷”，梦想亲手拼出火箭！现在写完作业，小轩会举着作业本数星星贴纸：“又拿到三个零件！离我的‘长征火箭’又近一步，明天必须再赢一关！”把抽象的“完成作业”，变成看得见的“零件积累”，孩子在“闯关升级”里，尝到了“我能行”的甜。

3. 归属感强化：让错误变成“打怪升级”

以前妈妈看到错题就皱眉，小轩条件反射想藏作业本。现在错题成了“知识小怪兽”——妈妈指着错题笑：“咱们发现新敌人啦！这道题里的‘除法怪’，看妈妈和你一起用‘分燃料箱大法’打败它（结合他的航天兴趣讲题）。”考砸了也不黑脸，而是拥抱他说：

“分数只是加油站的‘油量显示’，你愿意每天主动学，这已经是在往油箱里加油啦，坚持开下去，总能到终点！”当孩子明白“不管飞多高，家永远是安全机场”时，他们反而敢于放手一搏，甚至期待“遇怪打怪”，将学习中的挫折统统转化为成长彩蛋。

4. 兴趣嫁接：让学科知识“蹭”上航天热

小轩痴迷航天，我们就把知识“嫁接”到火箭上：

数学学除法，设计“火箭燃料分配任务”：“火箭有3个燃料箱，24吨燃料咋平均分？分错了火箭会‘动力不足’掉下来哦！”

语文写作文，布置“火星探险日记”：“今天驾驶飞船登陆火星，遇到了会发光的石头怪……”

当学科知识穿上“航天外衣”，学习直接变成“太空冒险”，小轩天天盼着放学闯关，主动写作业的动力越来越大。

三、避坑指南：这些“动力杀手”要远离

1. 别用“物质奖励”毁了内在动力

“考100分就给你买手机”“写完作业就可以玩游戏”……物质奖励这种方式短期看有效，长期会让孩子觉得“学习是为了换奖励”，没奖励就不学了。可以偶尔奖励，但更多要让孩子感受到学习本身的乐趣，比如“解出难题的成就感”“看懂一本书的满足感”。

2. 少用“别人家孩子”打击孩子

“你看小明，从来不用父母操心”“小红又考第一了，你怎

么就不行”——这种比较会让孩子觉得“我永远不够好”，归属感和胜任感都被破坏。换成“你这次比上次进步了 5 分，妈妈看到你的努力了”，更能激发孩子学习的动力。

3. 别做“监工式家长”，给孩子留空间

盯着孩子写作业，每道题都要管，这样做只会让孩子觉得“我自己做不好，必须靠爸妈”。试试“信任式陪伴”：告诉孩子“你自己安排时间，妈妈相信你能完成”，然后在旁边看书，不打扰，但随时支持。

以前咱们总觉得自己是“司机”，要带着孩子往“好成绩”的方向开；现在要学会当“导航员”——孩子自己决定路线，咱们提供支持和资源。

每个孩子心里都有一团火，咱们的任务不是替他们烧火，而是帮他们找到点燃火的方法。下次孩子不想学习时，别急着催、吼、叫，可以先问问自己：

- 他有自主感吗？是不是一直被“我”安排？
- 他有胜任感吗？是不是任务太难或太简单？
- 他有归属感吗？是不是怕考不好“我”会生气？
- 他的兴趣被看见了吗？能不能用他喜欢的事作切入点？

教育不是装满一桶水，而是点燃一把火。当我们学会给孩子自主的空间、胜任的体验、归属的安全感，再用兴趣作火柴，这把火自然会越烧越旺。那时你会发现，孩子不需要你追着跑，因为他自己心中已有想去的远方。

03 身体赋能，用运动激活大脑

盯着数学题咬笔杆，半小时过去仍毫无思路；刚背完的英语单词，转眼就忘得一干二净；写作业时频繁走神，哈欠连天。你家孩子是否常有这样的时刻？这些看似“学习力不足”的表现，可能藏着一个被忽视的真相——大脑需要被“激活”。

一、运动让大脑更聪明，让情绪更稳定

孩子的大脑就像一座正在装修的房子，不同阶段呈现出不同的装修风格。小时候，大脑里的神经连接犹如一团乱糟糟的电线，疯狂地生长，其神经连接的数量比成年人还要多一半。等孩子进入青春期，大脑便开始“断舍离”，把不常用的神经连接淘汰掉，将经常使用的连接进行加固。这并非大脑功能变差了，而是它在努力适应生活，就像收拾房间，把没用的杂物清理出去，留下有用的宝贝。

运动就像给大脑装修的施工队，能让大脑变得更加聪明。当孩子跳绳、踢球时，肌肉一发力，身体就会产生一种神奇的“大脑肥料”。这种“肥料”如同神经细胞的营养剂，能促使神经细

胞长出更多分支，让大脑里的“电线”连接得更为紧密。有研究发现，每周运动三次的中学生，记忆和学习能力可以得到显著提升，这就像给大脑换上了更厉害的“芯片”，学习新知识的速度自然更快了！

在孩子成长的过程中，运动不仅能让大脑更聪明，它更是管理情绪的“秘密武器”。心理学家曾做过一个有趣的实验：将患有中度抑郁的病人分成三组，一组仅接受药物治疗，一组仅进行锻炼，还有一组采用药物与锻炼相结合的方式，猜猜哪组效果最好？很多人以为“双管齐下”最为有效，可结果却出人意料——每天坚持锻炼的那组患者恢复得最好！后续跟踪调查发现，仅靠锻炼的患者复发率仅为9%，而采用药物与锻炼相结合方式的患者复发率为31%，仅接受药物治疗的患者复发率更高，达到了38%。

二、带孩子运动有讲究

为孩子选择运动项目时，可以参考以下方法：对于安静内向的孩子，不妨让他们尝试游泳、攀岩，这样他们即便一个人也能享受运动的快乐；对于活泼外向的孩子，可以约上小伙伴一起打篮球、踢足球，既能锻炼身体，又能在游戏中学会交朋友，就像给大脑上了一堂有趣的社交课。

我们知道，运动不仅可以锻炼身体，还能提升孩子的学习能力。不过，并非所有运动都能让大脑变得更聪明。例如，在跑步机上一直慢跑，主要锻炼的是肌肉；而像打篮球、下围棋这些需要快速做出决策的活动，则能让大脑的各个部分都活跃起来。科学家发现，篮球运动员在赛场上判断传球路线时，大脑中与专注力、创造力相关的信号，比单纯跑步时要强很多，这一过程就像给大脑进行了一次全面升级。

在带孩子运动时，还要避开几个常见的“坑”。

第一个“坑”是不做热身直接开始运动。想象一下，汽车不预热就猛踩油门，肯定容易出问题。有的孩子没做热身就跑步，结果出现了肚子疼、恶心等症状，这就是因为突然运动让肠胃“抗议”了。

第二个误区是只重复练习动作。有些羽毛球班每天让10岁的孩子重复挥拍500次，最后不少孩子胳膊、肩膀疼得厉害，反而得不偿失。

最后，别让运动变成单纯的体力消耗。同样是跳绳，机械地跳和边跳边进行计数比赛，效果完全不同。带有小挑战、小目标的运动，能让大脑得到的锻炼翻倍，就像给运动添加了“聪明特效”。

三、营养补给与家庭运动氛围也很重要

科学的营养补给与浓厚的家庭运动氛围，同样是孩子健康成长的关键要素。

运动前1小时，不妨给孩子准备1根香蕉搭配1片全麦面

包，香蕉富含的钾元素能有效预防抽筋，全麦面包中的缓释碳水则为运动持续供能；运动过程中，每隔 15 分钟让孩子饮用 100~150 毫升、温度在 10~15℃的温水，既能及时补充水分，又不会刺激肠胃；运动结束后的 30 分钟内，1 杯低脂牛奶与 1 小把坚果是绝佳组合，牛奶中的蛋白质帮助修复肌肉，坚果里的健康脂肪则为大脑“加油”。

家庭运动文化的营造，能让运动真正融入孩子的生活。可以将每周六上午定为“家庭运动日”，一家人轮流策划爬山、羽毛球赛或趣味运动会，用满满的仪式感点燃运动热情；还可以用图表记录孩子运动前后的变化，当看到“坚持跑步 8 周后，数学作业正确率从 65% 提升至 79%”，孩子会直观感受到运动带来的惊喜；借助运动手环监测心率、用 App 记录运动里程，这些科技小工具不仅能让运动数据一目了然，还能让孩子亲眼见证“运动如何一点点改变大脑”，让每一次运动都充满成就感与期待。

在为孩子精心规划运动方案的背后，藏着大脑发育的关键密码：那些长期缺乏运动的孩子，正面临着大脑的“隐性饥饿”。他们的神经元就像得不到阳光雨露的幼苗，因缺乏刺激而生长迟缓，哪怕天生拥有高配置的“大脑硬件”，也只能像始终处在节能模式下的电脑，无法发挥真正的潜力。

当孩子皱着眉头说“学习好难”时，别急着把他送进补习班，不妨试着让孩子“动”起来。当孩子在球场上追逐、在岩壁上攀登、在坚持中突破自我时，大脑里的神经元也在进行着一场“生长狂欢”。

神经科学之父圣地亚哥·拉蒙·卡哈尔曾说:“大脑的可塑性,是人类进化最伟大的礼物,而运动,正是打开这份礼物的黄金钥匙。”从现在开始,将运动真正融入孩子的日常生活,按照年龄定制专属运动计划,你会惊喜地发现:当身体充满活力地动起来,大脑也会随之真正“活起来”,释放出超乎想象的潜力。

04 方法赋能，培养孩子高效学习的底层素养

高效听课与有效复习作为学习的核心环节，若能结合科学的记忆规律与学习方法，将形成强大的学习能力矩阵，助力孩子实现学习效率的飞跃。

一、多维度提升专注力

专注力是高效听课的基础，而6~12岁是儿童大脑发育和注意力培养的黄金时期，此时进行系统训练，能显著提升孩子的专注能力。从神经科学角度来看，大脑的前额叶皮层负责注意力调控，科学的训练可增强该区域的活跃度，让孩子在课堂上更易保持专注。

在众多训练方法中，舒尔特方格是经典的视觉注意力训练工具。通过在方格纸上随机排列数字，要求孩子按顺序快速指出数字，能有效锻炼视觉追踪能力与顺序记忆能力，提升大脑信息处理速度。拼图游戏则是寓教于乐的好方式，孩子在寻找拼图碎片、完成拼图的过程中，不仅能培养耐心，还能强化手眼协调能力，促进大脑左右半球协同运作。

将学习任务分解为15~25分钟的小段，完成后休息5~10分钟，这种分段学习法符合大脑的注意力规律。研究表明，儿童的注意力集中时长有限，分段学习既能避免因长时间学习导致的疲劳，又能利用“番茄工作法”原理，在固定周期内激活大脑的专注模式。搭配奖励机制，如完成任务后给予小贴纸、兑换亲子游戏时间等，能有效激发孩子的积极性，将外部激励转化为内在动力。

此外，兴趣驱动是提升专注力的核心要素。通过鼓励孩子尝试绘画、编程、科学实验等不同活动，帮孩子找到真正热爱的领域，这样大脑会自发分泌多巴胺，使注意力更易集中。“找不同”“走迷宫”等趣味游戏，以及每天10~15分钟的大声晨读，能调动视觉、听觉等多感官参与，让大脑保持活跃状态。

创造安静整洁的学习环境同样关键。减少电子产品、杂乱物品的干扰，布置专属学习空间，能帮助孩子建立“进入该空间即进入学习状态”的心理暗示。而跳绳、瑜伽等身体协调运动，不仅能增强体质，还能调节大脑的神经递质分泌，间接提升注意力集中程度。多种方法协同使用，并长期坚持，孩子在课堂上的专注度将得到显著提升，为高效听课筑牢根基。

二、掌握听课方法，调动多感官参与

想要在课堂上实现高效学习，掌握科学的听课方法、充分调动多感官参与至关重要。“老师讲课看老师，老师写字看黑板，老师讲书看课本，老师提问快举手，一边听课一边想，重点知识赶紧写”这一口诀，将眼、手、脑等多器官的调动融入听课的每个环节。眼睛跟随老师的动作与板书捕捉关键信息，手及时记录重点内容，大脑同步思考理解，这样做能够让课堂学习更具系统性与针对性。

同时，结合费曼学习法能进一步深化学习效果。费曼学习法由诺贝尔物理学奖得主理查德·费曼提出，核心在于“以教促学”——通过向他人清晰阐述知识点，倒逼自己深入理解知识本质。具体可分为四个步骤：第一步“选择目标”，确定想要学习的知识点；第二步“模拟教学”，假设自己是老师，尝试向“学生”（可以是想象中的听众，或家人朋友）讲解该知识点；第三步“发现漏洞”，在讲解过程中，找出自己理解模糊或无法清晰表达的部分；第四步“简化优化”，针对漏洞重新学习，用更简洁通俗的语言重新讲解，直到能够清晰、流畅地传授知识。

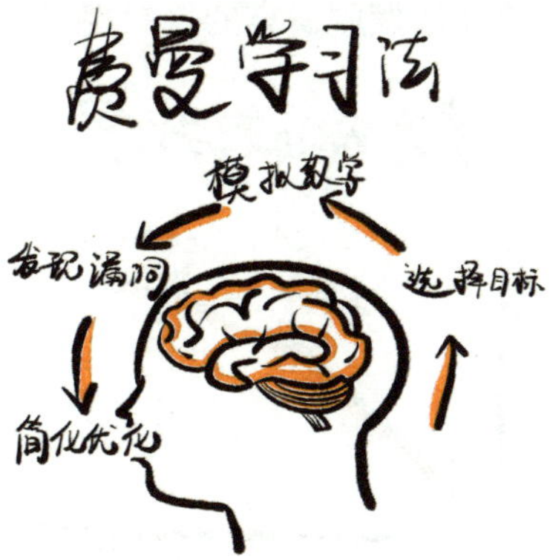

在课堂学习中，孩子可以在老师讲解完一个知识点后，利用短暂的间隙，在脑海中快速梳理内容，尝试用自己的话进行总结，并假设向同桌讲解。如果发现讲解卡顿或存在疑问，这便是知识漏洞，可及时在课本上标记，课后向老师或同学请教。通过这种方式，将被动听讲转化为主动思考与输出，不仅可以加深对知识的理解，还能提升逻辑思维与表达能力，让课堂学习真正高效起来。

三、科学复习，巩固学习成果

心理学家艾宾浩斯通过研究记忆无意义信息的过程，揭示了大脑的自然遗忘规律，并绘制出著名的“艾宾浩斯遗忘曲线”。该曲线表明，遗忘在学习之后立即开始，且遗忘速度先快后慢——学习 1 小时后若不复习，会忘掉 56% 的内容；1 天后不复习，遗忘率更是高达 76%。这打破了人们对记忆的理想化认知，即使“过目不忘”的天才，也无法摆脱遗忘的自然规律。

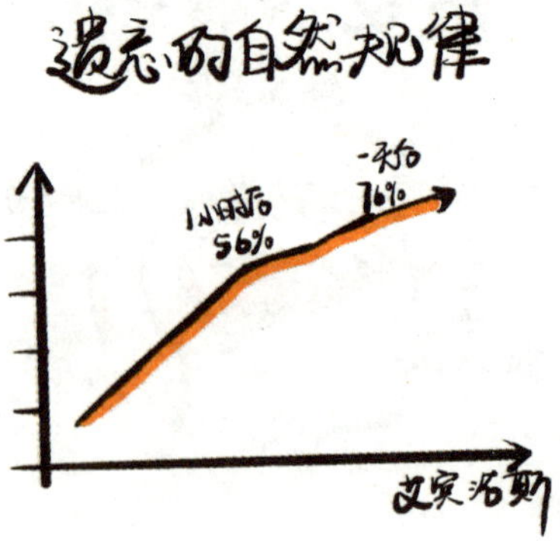

许多人在学习中常陷入误区，只重视新知识的输入，却忽略了复习的重要性，甚至幻想能像“记忆面包”那样一劳永逸地记住知识。但现实是，学习如逆水行舟，对抗遗忘是学习过程中必经的挑战。基于艾宾浩斯遗忘曲线，我们提炼出“12730 定律”：新知识需在学习后的第 1 天、第 2 天、第 7 天、第 30 天分别进行复习，才能有效转化为长期记忆。这一规律对课堂学习意义重大：在课堂上，孩子应紧跟老师节奏，对重点概念及时标记；课后则严格按照“12730 定律”安排复习，通过多次巩固将知识牢牢印刻在脑海中。

四、错题复盘，突破学习瓶颈的利器

错题是学习过程中的“警示灯”，更是提升能力的宝贵资源。通过错题复盘，可系统性地减少重复性错误。

1. 三色分类法

使用红、蓝、绿三色标记错题，实现精准归因。红色标注概念性错误，如公式运用错误、定理理解偏差，提醒孩子回归课本，

重新梳理知识点；蓝色标记粗心错误，如计算失误、审题遗漏，帮助孩子建立“三步检查法”——做完即查、交卷前查、复盘再查；绿色标记创意错误，如解法新颖但存在逻辑漏洞，鼓励孩子保留创新思维，同时完善解题步骤。

2. 定期复盘机制

建议每周进行一次错题重做，每月开展一次错题归类总结。复盘时，引导孩子填写“错题分析表”，记录错误原因、正确解法、同类题型练习情况，将零散的错误转化为结构化的知识补丁。例如，若孩子在“一元一次方程”章节频繁出错，可针对性整理 10 道变式题，通过间隔练习强化薄弱环节。

3. 成长型思维培养

避免将错题本作为惩罚工具，而是将其视为“进步手册”。当孩子纠正错误时，及时肯定其努力，帮助孩子建立“错误是成长阶梯”的积极心态，激活大脑神经突触的可塑性，真正实现从错误中学习。

高效学习是一个环环相扣的系统工程，高效听课与有效复习相辅相成。艾宾浩斯遗忘曲线、“12730 定律”、费曼学习法、错题复盘法等科学方法，是构建“学霸”能力矩阵的基石。孩子掌握这些底层素养，不仅能提升学习效率、稳步提高成绩，更能培养受益终身的自主学习能力，进而在学习之路上行稳致远。

05 高效学习，从时间管理到目标可视化

要想提升学习效果，科学的学习方法固然重要，但时间管理和目标制定也不容忽视。

一、四象限任务管理法，让学习更高效

经典的四象限任务管理法，通过将任务划分为“重要且紧急”“重要不紧急”“紧急不重要”“不重要不紧急”四大类，帮助孩子清晰辨别任务优先级。孩子学会将重要事项前置处理，不仅能高效完成学习任务，更能逐步培养出自主规划的能力，真正让时间管理成为成长路上的得力助手。

先来看下面这张表，所有事情都有轻重缓急之分，这里有四个象限，A 象限重要且紧急，B 象限重要不紧急，C 象限紧急不重要，D 象限不重要不紧急。所以重要的事情往前放，就是 A、B、C、D，按这个顺序来。

四象限任务分类表

	重　要	不重要
紧急	A（重要紧急）	C（紧急不重要）
不紧急	B（重要不紧急）	D（不重要不紧急）

对幼儿园或小学低年级的孩子讲“重要紧急”，可以用一场生动的实验让抽象概念落地。老师或家长可以兴奋地对孩子们说：“小朋友们，我们一起来装书包玩吧！看看谁装的东西最多！”首先，抓起一把小零碎物品（小橡皮、小发卡、弹珠、贴纸等），哗啦啦全倒进空书包里，并说：“小东西先进去！”接着，拿起那些中等大小的玩具（毛绒玩具、小汽车），试着往已经有些满的书包里塞，表现出有点困难但勉强塞进去的样子，可以说：“哎呀，玩具好像有点挤了，不过还能塞进去一点，用力塞！”最后，拿起最重要的大书（作业本、课本），尝试往已经满满当当的书包里放。这时要夸张地表现出惊讶和沮丧：“糟糕！书太大了！塞不进去啦！书被卡在外面了！”然后引导孩子观察和思考：“哎呀！书放不进去了！明天上学没有书和作业本怎么办呀？为什么放不进去了呢？”让孩子们明白，书包先被小零碎和玩具占满了，没地方给最重要的书本了。此时，老师或家长可以对孩子说：“别着急，我们换个方法试试看！”先把书包清空，然后强调：“最重要的事最先做！”拿起大书（作业本、课本），稳稳当当、整整齐齐地先放进书包，并说：“最重要的大书先进去！”接着，拿起那些中等大小的玩具（毛绒玩具、小汽车），小心地放进书包里大书旁边的空隙，可以说：“好，现在放我们喜欢的玩具！”最后，抓起小零碎物品（小橡皮、小发卡、弹珠、贴纸等），轻轻地摇晃书包，让小零碎从缝隙里滑下去，填满剩余的空间，并说：“最后，让小零碎去找自己的小角落吧！”这时，神奇的事情发生了：所有的东西——大书、玩具、小零碎都整整齐齐地装进了书包！拉上拉链也没问题！接着提问：“哇！这次为什么所有的东西都能装进去呢？我们是怎么做的？”引导孩子们说出关键：因为先放了最大的、最重要的书本，重要的事要先做。

当孩子升入中高年级，为了帮助孩子更好地理解时间管理，需要一套更系统的任务管理工具。一张 A4 纸画出的四象限表格，能让“重要且紧急”“重要不紧急”的抽象概念变成可操作的清单。以周一要交的数学卷子为例，它属于 A 象限“重要且紧急”，标注“1-①”优先级；周二的考试复习属于 B 象限“重要不紧急”，标注“2-①”；而周一要交的家庭教育情况表，虽紧急但不重要，归为 C 象限，可由家长代填；本学期的调查问卷则划入 D 象限，留到周末处理。在此基础上再将自己的日常作业和学习计划一并放入任务清单，便形成了下面这张按轻重缓急排序的任务表。

任务清单样表

任　务	重　要	紧　急	截止时间	优先级
数学卷	√	√	周一交	1-①
语文作业	√	√	周一交	1-②
准备考试	√		周二考试	2-①
背单词	√		周四检查	2-②
家庭教育情况表		√	周一交	3
调查问卷			本学期内	4

家长要做的不是替孩子填表，而是引导他们思考“这件事不做会有什么后果”：数学卷子不交会被批评，属于“必须马上做”；

背单词虽然周四才检查，但每天积累才能避免临时抱佛脚。当孩子亲手把任务按轻重缓急归类，会发现原来“每天要做的事”不是一团乱麻，而是有脉络可循的路线图。

尤其要提醒家长：B 象限“重要不紧急”的事（如课外阅读、习惯培养）才是拉开差距的关键，就像每天不练琴的孩子，突然面临比赛时必然手忙脚乱，这正是“平时不管孩子，出事全是大事”的根源。

二、可视化进度墙：让目标从“模糊期待”变成“看得见的脚印”

“期末考 95 分”这样的目标对孩子来说太遥远，不如把它拆解成每周可触摸的小任务，写在白板上进行“打卡追踪”。在冰箱旁开辟一块“学习进度墙”，红色磁贴写“第 1 周：整理 1~2 单元错题”，每完成 1 天就用黄色磁贴覆盖进度，全部完成后换成绿色磁贴，贴到“已完成区”展示。当孩子看到绿色磁贴从零散几片变成一排时，会直观感受到“原来我每天都在靠近目标”。

更巧妙的是用蓝色磁贴做复盘：每月和孩子一起标注“做得好的地方”（如计算错误减少）和“需要改进的地方”（如应用题思路需加强）。这种可视化的反馈机制，比单纯的说教更能让孩子理解“进步需要持续改进”。累计 5 个绿色磁贴兑换“家庭电影夜”，则让抽象的成就感变成了具体的奖励，激发了孩子主动推进任务的动力。

三、发现孩子的“效率密码”：高精力时间段的精准捕捉

同样是背单词，有的孩子早上 5 分钟就能记牢，有的孩子熬夜到 11 点依然磕磕绊绊——这是因为每个人的“精力生物钟”不同。让孩子连续 3 天记录从早 6 点到晚 10 点的状态，每小时用 1~5 分打分，就能发现属于他的“效率黄金期”。若孩子在晚上 7~9 点打分普遍在 4 分以上，就把数学难题、作文写作等高难度任务安排在此时，而早上刚起床则适合做机械性的抄单词任务。

需要注意的是，高精力期的利用要兼顾作息规律：允许孩子晚睡 30 分钟，但应尽量固定起床时间，避免生物钟紊乱。曾有位“学霸”妈妈分享，女儿发现自己深夜 11 点后思维最活跃，于是调整作息为“23:00~24:00 攻克数学压轴题”，早上 7:30 起床，成绩反而比熬夜苦读时提升显著——这正是“顺应生理节奏”带来的效率红利。

当家长把时间管理从“口头催促”变成“工具引导”，把目标设定从“空洞要求”变成“可视化路径”，孩子便会在这套学习系统中逐渐建立起内在秩序。就像用磁贴标注进度时，他们学会了“分解目标”；用四象限分类任务时，他们理解了“权衡轻重”；在碎片时间听音频时，他们培养了“见缝插针”的意识——这些比知识本身更重要的能力，才是孩子未来应对复杂挑战的底层武器。而家长要做的，就是用这些可操作的方法，为孩子搭建一座通往自主学习的桥梁。

06 考试心法，从应试技巧到成长型复盘

考试从来不是学习的终点，而是检验知识、锤炼思维的重要节点。当我们跳出“为考试而学”的局限，以成长型思维重新定义考试，就能将每一场考试转化为突破自我的契机。在这个过程中，情绪管理、答题策略与复盘反思构成完整闭环，共同构建起促进持续成长的考试心法体系。

一、考试情绪管理三步法：稳住心态不慌张

很多同学一到考试就紧张，这其实是大脑在“捣乱”。科学研究发现，过度紧张会让大脑里管情绪的部分（杏仁核）特别活跃，反而影响负责思考的部分（前额叶皮层）正常工作。所以，学会调节情绪，是考出真实水平的关键。我们可以试试分阶段调节，让自己保持冷静。

（一）考前：深呼吸 + 想象成功

感觉紧张时，试试“4—7—8 呼吸法”：用鼻子慢慢吸气 4 秒，肚子会像气球一样鼓起来；然后憋住气 7 秒，感受气息充满身体；最后用嘴巴慢慢呼气 8 秒。重复做 3 次到 4 次，就能让身体

放松下来。这种深呼吸能调节植物神经系统，降低身体的应激反应。同时配合积极的心理暗示，如在心里默念“我已经做好准备，我能发挥出自己的水平”，将紧张情绪转化为考试动力。

每天睡觉前，还可以闭上眼睛想象考试的场景：想象自己拿到试卷后不慌不忙，遇到题目思路清晰，答题又快又准。心理学研究发现，这样的“想象练习”能让大脑相关的神经连接更紧密，就像给考试自信心“充值”。

（二）考中：暂停调整与任务拆解

考试就像一场“思维马拉松”，过程中难免会遇到“体力不支”（紧张焦虑）或“陡坡难关”（难题）。这时，掌握科学的应对策略，能帮助孩子及时调整状态，稳步攻克挑战。

1. 突发紧张，快速调整状态

考试时突然紧张了，别硬扛！先放下笔，转转肩膀，做 3 次深呼吸，让身体放松下来。左右交替拍肩膀，同时在心里默念“我可以的”，就像给自己一个温暖的拥抱，帮助身体快速从应激状态恢复平静。

2. 拆解难题，化繁为简

遇到难题，切忌“死磕”，采用“三步拆解法”能有效降低难度：

第一步，圈画“线索星”：用不同颜色的笔圈出题目中的关键信息，例如用红色标注已知数据，蓝色标出问题要求，就像侦探寻找破案线索一样，快速定位解题方向。比如数学应用题中，圈出“增加了 20%”“至少需要多少时间”等关键表述。

第二步，搭建“知识桥”：在草稿纸上列出与题目相关的公式、定理或类似题型的解题思路，尝试建立已知条件和目标答案之间的联系。例如，看到几何题，先画出图形，标注已知边长、角度，再列出三角形全等、相似等相关定理。

第三步，铺设“台阶路”：将复杂问题拆解为 2~3 个小问题，按步骤逐步解决。以语文阅读理解为例，先分析文章主旨，再解读关键段落，最后回答具体问题，如同沿着台阶一步步登上知识的高地。

家长可以在家和孩子玩“难题大闯关”游戏，选取课本上的拓展题，模拟考试场景，练习如何拆解题目。比如，将一道数学综合题拆解成“基础计算—条件分析—步骤整合”三个小任务，完成每个任务就奖励一颗小星星，集齐一定数量可兑换小奖品，让孩子在趣味中掌握拆解难题的技巧。

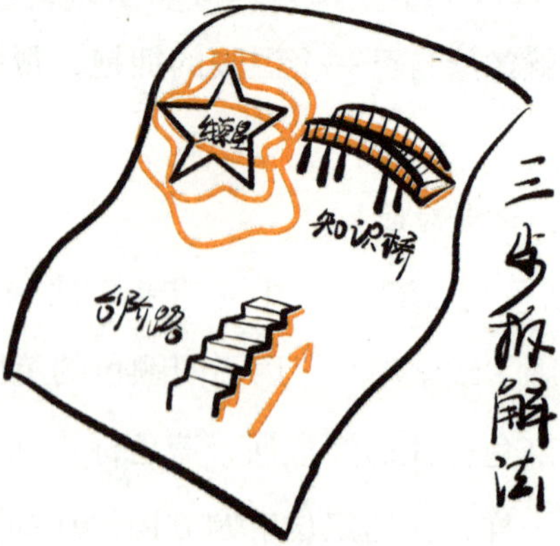

（三）考后：接受结果，换个角度看问题

考试结束后，不管考得好不好，都别过度责怪自己或骄傲自满。这里有个小妙招，叫“情绪 ABC 理论”，能帮孩子和全家人换个角度看问题。

场景 1：孩子考试失利

孩子数学考了 60 分（事件 A），回到家垂头丧气地说：“我太笨了，肯定学不好数学了！”（信念 B），说完就躲进房间不出来（结果 C）。这时，家长可以轻轻敲门，坐在孩子身边说：“宝贝，一次考试就像一次小体检，分数可以帮我们发现哪里需要‘修补’。你看，这次刚好能找到没掌握的知识点，我们一起打败它们，下次就能进步啦！”（引导新信念 B）。孩子听后可能会慢慢振作起来，主动和家长研究错题（新结果 C）。

场景 2：孩子考试超常发挥

孩子英语考了全班第一（事件 A），兴奋地说：“我这么厉害，以后不用学英语了！”（信念 B），结果下次考试成绩下滑（结果 C）。家长可以在庆祝时提醒：“宝贝这次考得好，说明努力有了收获！但学习就像爬山，越往上越要谨慎认真。我们可以总结这次的经验，看看怎么保持优势，下次挑战更高目标！”（引导新信念 B）。孩子保持谦逊，继续踏实学习（新结果 C）。

二、答题策略：聪明答题，加深理解

答题不只是写答案，更是检验和巩固知识的过程。掌握下面这些方法，能让你答题更顺利。

（一）时间管理：合理分配，先稳后攻

考试时间就像手里的零花钱，得精打细算地规划。可以把考试时间分成三段：前 60% 的时间先做简单题，保证能拿的分不丢；中间 30% 的时间做中等难度的题；最后 10% 的时间挑战难题。比如一场 120 分钟的考试，前 70 分钟做完选择题和基础题，中间 35 分钟做综合题，最后 15 分钟尝试压轴题。

（二）审题策略：三步标注，避免掉坑

审题时可以用不同符号标注关键信息：

- 直线：画出题目里给出的条件。
- 波浪线：标出题目要求你回答的内容。
- 小三角：圈出容易误导的词，比如“不正确”“至少”。

比如做语文阅读题，用这种方法标出关键句子和情感词，答题方向就会更加清晰。

（三）答题结构：总分总表达，逻辑清晰

答主观题时，可以采用“总—分—总”的结构：

- 开头：第一句先亮出你的观点。
- 中间：分 2~3 点，结合题目材料说明理由。

- 结尾：总结观点，适当拓展。

这样答题，老师一眼就能看懂你的思路，你自己也能在写答案的过程中，把知识理解得更加透彻。

三、错题成长档案：把错误变成宝藏

错题不是“失败证明”，而是帮助我们进步的“宝藏”。把错题分类整理，针对性解决，就能越学越好。

建议每周日整理一次错题，标上错误类型、常见表现和解决方法；每两周集中练习一次同类错题。心理学研究发现，针对薄弱点反复练习，学习效率能提高 40% 以上。

错题整理样表

错误类型	常见表现	解决方法
知识盲区	概念记混、公式用错	做“知识卡片”：画图解释原理，摘抄错题，再找类似题目练习
思维漏洞	解题思路跑偏、逻辑不连贯	画“解题路线图”：对比正确答案和自己的思路，找出卡壳的地方
粗心陷阱	计算出错、看漏条件	列“防错清单”：记录容易犯错的地方，比如单位换算、漏写负号

当我们用成长的眼光看待考试，每一次考试都是提升自己的机会。当我们将考试视为成长的阶梯，每一次情绪波动都是认识自我的契机，每一道错题都是进步的起点。

通过深呼吸缓解紧张，用“三步拆解法”攻克难题，再以“错题成长档案”系统复盘，孩子收获的不仅是分数的提升，更是思维的淬炼与心态的蜕变。这些科学的方法，就像一把把钥匙，帮孩子打开通往高效学习的大门；而成长型思维，则是照亮前行道路的灯塔，指引孩子在知识的海洋中稳步航行。

记住，考试不是人生的终点，而是成长路上的驿站。那些在考场上流下的汗水、克服的焦虑、改正的错误，终将汇聚成照亮未来的光芒。

07 抗挫力锻造，帮孩子打造坚实的心理免疫城墙

作为家长，想必都对孩子学习路上的艰辛感同身受。考试失利、被难题困住、竞赛落选……这些挫折就像如影随形的小怪兽，时不时冒出来“捣乱”。如果孩子缺乏心理抗压能力，遇到困难就退缩，不仅会影响当下的学习状态，长远来看，对未来的成长也极为不利。

其实，抗挫力就像为孩子心灵打造的坚固铠甲，拥有它，孩子在学习的征途上，无论遭遇多大的坎坷，都能勇敢跨越。接下来，我们就从多个实用角度出发，探讨如何帮助孩子锻造强大的学习抗挫力。

一、成长型思维语言模板：改写思维的底层代码

斯坦福大学心理学教授卡罗尔·德韦克的研究表明，具备成长型思维的孩子，面对困难时更愿意主动尝试，抗挫能力比固定型思维的孩子高出67%。成长型思维语言模板，正是通过改变孩子的自我对话方式，将消极的思维模式转化为积极进取的思维模式。

当孩子说出“我学不会数学函数，太难了”，家长可以引导孩子将语言重构为“我暂时没找到学习数学函数的方法，但多做几道例题、找老师请教，我肯定能掌握”；若孩子抱怨“这次英语演讲比赛又搞砸了，我就是不行”，则可以引导其转换为“这次演讲虽然有失误，但我发现了自己在肢体语言和语速控制上的问题，下次针对性练习，一定能表现得更好”；当孩子拿着不理想的数学试卷垂头丧气时，家长可以温和地拉着孩子坐下，一起逐题分析：“你看，这次考试虽然分数不太理想，但它就像一盏明灯，帮我们找到了在几何证明题上的薄弱点。这其实是件好事，因为现在我们明确了接下来需要攻克的目标！”这样的引导，让孩子明白，学习路上的挫折并非终点，而是迈向进步的新起点。

家长还可以和孩子一起制作“成长型思维卡片”，正面写下常见的消极语句，背面附上对应的成长型思维改写版本，贴在书桌前或书包上，随时提醒孩子用积极的语言鼓励自己。长期坚持使用成长型思维语言模板，孩子会逐渐从内心深处相信能力是可以通过努力提升的，从而更勇敢地面对学习中的挑战。

二、行为训练：实战演练抗挫技能

1. 模拟挫折场景训练

在家中或学校课堂，都可以精心设置模拟的挫折情境，让孩子提前演练应对方法。比如，在家中模拟限时完成难题任务，准备一些超出孩子当前水平但努努力又能触及的题目，故意将时间设置得较为紧张。过程中仔细观察孩子的反应，是冷静思考，还是急躁放弃。任务结束后，和孩子一起复盘，引导孩子总结应对过程中的闪光点与不足之处。曾有家长反馈，通过每周一次的模拟训练，原本一遇到难题就退缩的孩子，在真实考试中面对难题时，开始尝试主动思考，不再轻易放弃。

2. 目标拆解与阶梯式奖励

帮助孩子把宏大的学习目标拆解成一个个小的、可实现的阶段性目标，是增强孩子抗挫力的有效方法。假设孩子的目标是提高英语成绩，就可以拆解为每天背诵 10 个单词、每周完成 2 篇阅读理解练习、每月进行一次英语写作训练等。每完成一个小目标，就给予孩子适当奖励。奖励可以是物质层面的，如孩子心仪已久的一本漫画书；也可以是精神层面的，像一次温馨的家庭电影之夜。有个孩子在将“提高数学成绩”的目标拆解后，通过逐步完成小目标，不仅成绩得到了提升，还在这个过程中积累了成功经验，自信心和抗挫力都显著增强。

三、榜样力量：汲取他人的成功经验

给孩子讲述名人在学习和成长中克服挫折的故事，能为孩子注入强大的精神动力。爱迪生发明电灯时，经历了上千次的失败，可他始终坚信“失败也是我所需要的，它和成功对我一样有价值”，最终成功照亮了世界；爱因斯坦小时候被老师认为是“笨小孩”，但他凭借着对科学的热爱和不懈努力，成了伟大的物理学家。分享这些故事时，可以结合孩子的兴趣点进行拓展，比如喜欢科技的孩子，多讲讲科学家们的探索历程；热爱文学的孩子，分享作家们屡遭退稿却坚持创作的故事，让孩子明白挫折并不可怕，坚持就能迎来成功。

四、环境营造：构建支持性成长空间

1. 家庭氛围营造

家庭是孩子成长的温暖港湾，家长要着力营造宽松、包容的家庭氛围。让孩子知道，无论在学习中遭遇多大的挫折，都不会受到指责和批评，而是能得到理解与支持。当孩子烦恼地向家长倾诉学习中的困扰时，家长要停下手中的事务，耐心倾听，给予一个温暖的拥抱，用充满爱意的话语安慰："妈妈理解你，别担心，不管遇到什么，我们都一起想办法。"同时，避免在孩子面前过度强调成绩和竞争，不要将孩子与他人进行盲目比较，减轻孩子的心理压力。有研究表明，在宽松家庭氛围中成长的孩子，面对挫折时的心理调适能力比在高压环境下的孩子高出 40%。

2. 学校教育配合

老师在课堂教学中，对培养学生抗挫力起着关键作用。布置作业和设计考试时，要合理设置难度梯度，既让孩子感受到挑战，激发学习动力，又不会因难度过高而丧失信心。及时、具体地表扬学生在学习过程中的努力和进步，不仅关注成绩，更要肯定孩子展现出的坚持、认真思考等优秀品质。例如，当孩子在解题过程中尝试了新的方法，即便最终答案有误，老师也可以说："你这种勇于尝试新方法的精神特别值得表扬，老师相信你只要继续思考，一定能找到正确答案。"此外，积极开展团队合作学习项目，如小组课题研究、合作完成实验等，让孩子在与同伴协作解决问题的过程中，学会互相支持、共同克服困难，提升抗挫能力。

五、压力释放：清空孩子负面能量

释放压力的方式多元而生动：热爱运动的孩子，不妨在篮球场上挥洒汗水，让跳跃的篮球击碎烦恼；钟情艺术的孩子，可执画笔勾勒情绪，或让琴弦震颤出内心的舒缓；哪怕只是戴上耳机听一首轻快的旋律，让音符带走紧绷的神经，都是与自己和解的温柔仪式。

除此之外，还有两种比较有效的方法，分别是"情绪释放罐"和"压力日记"。

"情绪释放罐"是一种简单有效的压力释放方式。准备一个漂亮的罐子和便笺纸，当孩子在学习中感到焦虑、烦躁时，让他们把内心的烦恼、压力和负面情绪写在便笺纸上，然后折叠好放进罐子里封存起来。这不仅能帮助孩子将抽象的情绪转化为具体的文字，实现情绪的外化释放，还能通过"封存"的仪式感，让孩子在心理上暂时摆脱负面情绪的纠缠。

"压力日记"同样是管理情绪、提升抗挫力的有效方法。建议孩子每天抽出 10~15 分钟时间，记录当天在学习中遇到的压力事件、当时的情绪反应，以及尝试采取的解决办法。通过持续记录和反思，孩子能够逐渐了解自己的情绪模式，准确识别压力来源。例如，当孩子在日记中写下“今天数学作业量太大，写到半夜都没完成，急得我直哭”，在情绪平复后回顾时，就更有可能思考出“制订每日学习计划，合理分配时间”“及时与老师沟通作业量”等解决方案，从而在未来面对类似情况时，能够更加从容、理性地应对。

“心若有光，何惧路长。”教会孩子在风雨中给自己撑伞，在暗夜中为自己点灯——当他们懂得用温柔的目光凝视自己，用坚定的行动支持自己，那些在挫折中学会的心理调适，终将化为破土而出的力量，让生命在岁月里长成坚韧而温暖的模样。

第七课

拖延症的克服方法

01 拖延：被低估的危害与深层成因解析

许多家长对孩子的拖拉磨蹭往往采取“轻描淡写”的态度，认为吼几句、推一把就能解决。殊不知，这看似寻常的“小毛病”，若长期忽视，如同埋下隐患的种子，终将结出苦涩的果实——“小洞不补，大洞吃苦”，孩子的成长问题亦是如此。

一、拖延的双重枷锁：看得见的麻烦与看不见的内伤

拖延带来的后果远非表面那么简单，它像一把双刃剑，会造成双重伤害。

1. 外在显性后果（看得见的麻烦）

拖延可能会导致出现学业下滑、频繁迟到失信、任务积压、人际关系紧张、遇事退缩回避等情况。

2. 内在隐性后果（更深远的内伤）

情绪的恶性循环：一次次拖延后，孩子会陷入强烈的自责、愧疚与无力感（“我做不到”）。考试前的临时抱佛脚带来懊悔，错失机会引发焦躁，这些负面情绪不断堆积、蔓延，逐渐让人形成了遇难即退的逃避心理。有时即便机会触手可及，也难以抓住。

除此之外，长期的心理压力还可能引发躯体不适（如头痛、腹痛、失眠等），即“躯体化症状”。最终，孩子被困在“失败→负面情绪→行动力进一步丧失”的恶性循环中，难以挣脱。

如果不了解孩子拖延背后的深层原因，只是“头痛医头，脚痛医脚”——今天催拖拉，明天管手机，后天处理负面情绪，就会陷入无尽的“救火”状态，家长心力交瘁，问题却层出不穷。这就如同不知病因乱吃药，风险极大。找到核心原因，才能标本兼治。

二、治标更需治本：剖析拖延的四大根源

若不了解深层原因，仅靠催促、责骂去“灭火”，只会让家长疲于奔命，问题层出不穷。如同治病不知病因，乱投医风险巨大。唯有找到根源，方能标本兼治。拖延行为背后，常交织着以下四大核心因素：

1. 时间感知模糊：抽象概念的认知鸿沟

尤其是低龄孩子，他们的思维是具象的，对大小、高矮、胖瘦等看得见摸得着的东西容易理解。但“时间”是抽象的！手表、闹钟只是工具，孩子难以真正感知“5 分钟”“一会儿”到底是多长。结果你说“快一点，马上出门了”，孩子内心是茫然的：“马上是多久？要多快？”他缺乏紧迫感和清晰的时间框架。对此，我们需要将抽象的时间变得看得见、摸得着。如果家长从未做过这方面的引导，孩子拖拉，责任在谁？在家长。

2. 专注力被割裂：无意识的干扰破坏

孩子天生没有专注力吗？不！恰恰相反，幼童在玩水、玩沙、搭积木时，常常能全神贯注一两个小时。破坏是如何发生的？答案往往是——频繁人为干扰！想想这些场景：孩子正专注玩耍/阅读，家长频繁打断："宝贝，喝口水""吃点水果""擦擦汗""看镜头笑一个"……孩子写作业时，不断被"关心"/催促干扰："牛奶快凉了""头抬高点""都十点了快点写"……每一次打断，孩子都需要花费相当长的时间（远不止几分钟）才能重新进入深度专注状态。一晚上多次打断，孩子宝贵的专注时间被严重损耗。停止无意义的打断！认识到这点，停止错误做法，就是进步的开始。后续可以学习使用"番茄钟"等工具科学培养专注力。

3. 自主权被剥夺：过度代劳导致自信心不足和责任缺失

家长要求孩子必须完全按照自己的标准、节奏行事，久而久之，孩子便失去了自主决策和承担责任的锻炼机会，同时也会变得越来越不自信。

在家长过度代劳的情况下，孩子无须为自己的行为（包括拖延）承担后果——总有家长兜底，自然缺乏改变的动力。这样的孩子成年后往往难以独立，缺乏担当。

就像三年级的小明，每天早上因磨蹭眼看要迟到时，妈妈总是边抱怨边替他快速收拾好书包、整理好一切。小明从中学会的是："我的拖延不会带来麻烦（妈妈会解决），管理时间和物品不是我的责任。"他的责任感和自理能力，就在这一次次代劳中被悄然剥夺了。

温室里长不出参天大树。让孩子在安全范围内试错、承担自然后果（如因磨蹭迟到被老师询问、因忘带作业自己想办法解决），是他们学习责任与担当的必经之路。

家长全方位代劳、屏蔽自然后果（小到怕孩子摔碎碗就不让端碗，大到代收拾书包、代解决社交冲突），孩子没有机会学习基本技能，自然缺乏解决问题的经验和信心，时间久了，“我不行，我做不好”的信念便在心中根深蒂固。

把选择权和责任还给孩子！让孩子自己做决定，当然要在合理范围内，比如今天喝牛奶还是酸奶、今天穿什么衣服（或许搭配会很“奇怪”）、出门时带齐自己的物品（作业、水杯）等，即使他选错了（比如穿裙子去沙滩不方便），让他体验自然后果（行动不便），下次就知道该怎么选了。这比家长事无巨细的管控更能培养孩子的独立性和责任感。

家长是否在不停催促、吼叫、代劳，剥夺了孩子“自己做主、自己负责”的权利？如果是，请停止！过度控制正是拖拉的催化剂。

4. 负向标签烙印：言语塑造的消极自我

家长常脱口而出：“真磨蹭！”“房间像猪窝！”“胆小如鼠！”“总是马虎！”

这些持续的负面评价如同给孩子贴上“标签”，渗入潜意识后，会固化他们的自我认知：“我就是拖拉 / 邋遢 / 胆小 / 无能的人。”在低自尊和无力感的驱使下，孩子行动迟疑、缺乏动力，更容易拖延放弃。习得性无助实验表明，狗在反复遭受无法逃避的电击后，即使有机会逃脱也会放弃尝试。孩子面对长期负面评价时的绝望心态，这不正是另一种形式的“习得性无助”吗？

孩子偶尔努力证明自己，却总被忽视或否定，时间久了，这种心理上的“打击”，最终会让他们“认命”躺平。荣格说过：“潜意识即命运。”我们不经意的负面言语，正在塑造孩子的负面自我预言，为他们书写负面的命运脚本。

孩子的拖延行为，往往是上述多种因素交织作用的结果。理解这四大底层逻辑，是跳出盲目“救火”循环的关键。唯有从根源入手，以理解、尊重为基础，运用科学方法，才能有效帮助孩子挣脱拖延的枷锁，重建内在动力与行动信心。

改变之路，始于家长的认知觉醒与行动转变。让我们成为孩子成长的赋能者，而非问题的制造者。

02 用科学方法帮助孩子告别拖延

早上闹钟响了八遍，孩子还在床上和被子“缠绵”；作业明明半小时能写完，非要磨到半夜；说好出门玩，结果光是穿鞋就能耗掉20分钟……是不是又想开启“驯兽师”模式，先打一顿再说？可惜家庭教育不能这么简单粗暴。如果“拳脚”管用且毫无风险副作用，那全天下父母早就都成教育专家了。所以说，教育孩子是门技术活，得讲科学、有方法。下面我们就来看看如何用科学方法帮助孩子告别拖拉磨蹭。

一、时间可视化，让抽象时间变成具象体验

你是否遇到过这种情况：跟孩子说“再玩10分钟就写作业”，结果1小时后他还在疯跑？这真不是孩子故意作对！儿童的前额叶皮层就像一台没装完系统的电脑，根本无法将“20分钟”这类抽象概念转化为“现在该行动”的指令。这时，时间可视化工具就像给大脑装了个“外挂”，可以把看不见摸不着的时间变成孩子能直观理解的“实物”。

有位家长给5岁孩子准备了三色物理计时器：红色代表学

习，绿色代表休息，蓝色是过渡时间。当红色区域的沙子开始流动，孩子就知道该“干活”了；变成绿色时就能自由玩耍。还有位妈妈给孩子用了时间积木这一工具，孩子每专注学习5分钟就能拼一块积木，拼成小城堡就能获得奖励——这种看得见摸得着的成就感，比家长吼破嗓子都管用！

时间饼图也很实用，把“语文作业”拆成3个10分钟的饼块，每完成一块就把背面的哭脸磁力贴翻成笑脸。孩子看着满墙笑脸会想“原来我做了这么多事”。晨间流程墙和作业进度条同样有效，从左到右贴好穿衣、刷牙、吃早餐图标，用箭头指示当前进度；在文件袋上贴进度条贴纸，每写完一页就用荧光笔涂一涂，像闯关游戏般完成任务。

在使用时间可视化工具时有两个关键细节：一是工具要放在孩子平视高度，过高会产生压力；二是初始设定时间要比实际完成时间略长些，比如实际要12分钟就先设15分钟，这样可以让孩子尝到“胜利”的甜头。

二、番茄工作法，科学提升孩子的专注力

你以为孩子拖拉是态度问题？其实他们的大脑比你想象的“脆弱”。研究发现，儿童切换任务时的神经损耗是成年人的3倍！就像手机同时运行多个App会卡顿，孩子大脑被频繁打断后，前额叶皮层的“能量储备”会快速耗尽，直接陷入“脑力瘫痪”。

试试番茄工作法，这是全球公认的高效工作法之一。具体操

作是：首先启动25分钟专注计时；结束后立即记录进度并休息5分钟；接着进行第二轮25分钟专注+5分钟休息；第三轮同样节奏；第四轮专注后延长休息至30分钟。这种方法通过工作—休息的节奏循环，符合大脑运作规律。

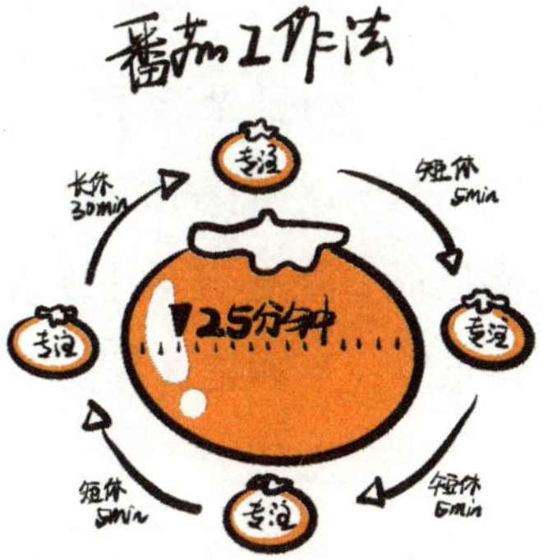

使用时要注意年龄适配：5~6岁孩子每次专注8分钟，休息时做眼球操或跳跃；7~9岁延长到15分钟，可闭眼深呼吸或捏握力器；10~12岁就能挑战标准25分钟“专注马拉松”了。切记休息时别让孩子碰电子设备——蓝光会抑制多巴胺回收，让大脑更“懒”，而且孩子很难从电子内容中快速抽离！

物理环境也很重要。把学习区安排在背对门窗的位置，用L形书桌围出“小天地”，就像给大脑戴上“隔音耳机”。再准备一套信号系统：戴红灯帽表示“请勿打扰”；举黄旗说明“非紧急勿扰”；设绿卡提问盒，把问题留到休息时统一解答。还有个小秘诀：播放粉红噪声比白噪声更能帮助集中注意力，就像给大脑盖了条温暖的毯子。

孩子在专注学习或做事时，还要注意避开这些“坑”：别总问“还有多少没写”，这种结果导向的问题会增压；也别在孩子休息时唠叨“怎么还在玩”，这会让好不容易充好的“电量”又流失掉！

三、自主权掌握在孩子手中，他做事更积极

你有没有发现，当孩子自己做选择时，效率会高很多，这可不是错觉！行为学研究表明，当孩子获得选择权，大脑里的伏隔核会“疯狂”分泌多巴胺，任务启动速度直接提升 2.3 倍！与其天天催孩子“快点快点”，不如把选择权交给他，让他当自己时间的“老板”。

试试结构化选择模型。写作业时，让孩子决定先做数学还是语文，是先做书面题还是口算题；早餐时，是喝常温牛奶还是温热的；遇到难题，是自己查字典，还是向家长求助。这些看似小小的选择，却能让孩子感受到“我能掌控局面”，积极性自然就上来了。

还有自然后果承担系统也超有效。记住一个原则：拖拉的后果必须和任务直接相关。比如孩子磨磨蹭蹭不肯出门，那就让他体验步行上学可能迟到的后果，而不是简单粗暴地禁止看电视。具体分三步：事前明确告诉孩子后果，比如“7:40 前没吃完早餐，我们就得步行去学校，可能会迟到”；然后冷静地看着后果发生，不插手、不补救；最后等事情结束，和孩子聊聊感受，一起想想下次怎么避免。千万记住，别在孩子“吃苦头”时说教，更别说

“我早说过”这种扎心的话，不然孩子只会越来越抗拒！

教育家陶行知早就打过一个精妙的比方：有人说老师是“教书匠”，因为他们总把知识像米一样硬塞给学生，就像硬按鸡头让它啄米。但鸡不想吃时，你按得越用力，它挣扎得越厉害。

这就像有的家长天天盯着孩子写作业：“先写这个”“快改那个”结果孩子要么磨磨蹭蹭，要么干脆撂挑子——因为控制权被剥夺时，人的本能就是反抗。相反，当你说“今天的作业计划，你想怎么安排？妈妈当顾问”，孩子反而会像小马达一样转起来。

四、语言重塑，释放积极的行动暗号

我在上课时常讲，好孩子就在父母的语言重塑中。你知道吗？总说孩子“拖拉”“磨蹭”，就像往孩子大脑里注射“认知毒素”。研究发现，被贴上“拖拉”标签的孩子，6周后任务启动时间会延长34%！因为这种负面标签，会激活大脑的威胁反应系统，让孩子越来越没自信。

想改变孩子，先从改变说话方式开始。把“别磨蹭了”换成“启动你的加速引擎吧”，这种充满动作感的隐喻，能直接激活孩子的运动皮层；不说“太慢了”，而是问“你在调试最佳节奏吗”，预设孩子能做好，引导他往好的方向发展；别翻旧账说“永远跟不上”，多提孩子的进步，比如“昨天口算你超速完成了”，用成功记忆唤醒他的行动力。

接下来，带大家做一个小测试：不要去想那头粉红色的大象，把眼睛闭上，想什么都行。你现在脑子里呈现的是什么？就是这头粉红色大象，对不对？心理学有个基础概念，叫“不要等于强调”。“不要把家里搞得乱七八糟”“不要那么磨磨唧唧”“不要这么没有时间观念”——我问你，孩子记住的是什么？拖拉磨蹭、磨磨唧唧、没有时间观念、把家里搞得乱七八糟，全都是这些负面内容。

在语言重塑方面，还有两个高阶技巧：一是能力外化，把问题和孩子的人格分开，比如“看来‘拖延小怪兽’又来了，我们要怎么打败它”；二是成长型反馈，具体指出孩子的进步，“上周穿鞋要10分钟，今天8分钟就搞定了，你的效率系统升级啦”。

说到底，解决孩子拖拉，不是把孩子变成只会听话的“机器人”，而是要培养他们的时间管理能力。当有一天，孩子能指着进度条骄傲地说“我在掌控自己的时间”，你就会明白，这些科学方法正在帮孩子成为自己人生的“首席执行官”！当孩子真正尝到“自己做主”的甜头，就像学会掌舵的小船，即使遇到风浪，也会主动调整航向，这才是比“催”“逼”更长效的成长引擎。毕竟，谁不喜欢当自己人生的CEO呢？

03 拖延实战：挑战那些你发愁的拖延日常

一日之计在于晨！当然了，令人上头的事也总是从早上开始的：掀被子、喊破嗓，孩子依旧裹着被子装睡；好不容易搞定起床，又卡在刷牙环节，牙膏沫甩得到处都是，就是不肯张嘴；到了晚上，洗澡堪比“杀猪现场”，衣服更是堆成小山……“懒骨头”“小邋遢”！这些让人头痛的坏习惯背后，其实藏着孩子独特的小心思。这一节手把手教你，用实用有趣的方法，把这些“小麻烦”变成培养好习惯的契机。

一、把“起床困难症”变成“早安欢乐秀”

每天早上和孩子斗智斗勇叫起床，是不是比上班还累？别以为孩子赖床只是因为懒，其实这和他们的生理节律、心理状态都有关系。儿童的生物钟就像个“慢半拍”的老钟表，早晨褪黑素分泌消退得比成人慢，所以更难从睡梦中“拔”出来。再加上被窝里的温暖舒适，对孩子来说就是个“温柔陷阱”，谁愿意主动跳出来呢？

想让孩子轻松起床，得学会“曲线救国”。试试“渐进唤醒法”：提前15分钟拉开窗帘，让阳光慢慢渗透房间；播放轻柔的儿歌，像《健康歌》《小跳蛙》，用欢快的旋律轻轻挠醒孩子的耳朵；还可以准备个“神秘闹钟”，比如会发光、会讲故事的智能闹钟，把起床变成一场有趣的探索。

有位爸爸超有创意，他把孩子喜欢的玩具恐龙藏在被子里，每天早上让“恐龙宝宝”叫醒小主人，孩子不仅不赖床了，还天天期待起床“找恐龙”！

如果孩子实在赖床，别急着发火。试试“角色扮演法”，把起床变成游戏：“宝贝，你的小火车要出发啦，再不起来就赶不上早餐站咯”或者“超级英雄的任务开始了，快穿上战衣（衣服）拯救世界”。当起床变得有趣，孩子自然愿意配合。不过要注意，前一晚尽量让孩子早睡，保证充足睡眠，不然再好玩的游戏也叫不醒困成“小猪”的娃！

二、把刷牙变成“老爸模仿秀”

孩子不肯刷牙，可能是觉得无聊、害怕，或者没意识到刷牙的重要性。你试过苦口婆心讲道理，结果孩子左耳进右耳出。其实，与其唠叨“不刷牙会长蛀牙”，不如把刷牙变成一场欢乐的游戏！

从“装备升级”开始，给孩子挑选超酷的儿童牙刷和水果味牙膏。现在的牙刷造型五花八门，有卡通人物款、会发光款，甚至还有带音乐的电动牙刷。当孩子拿到喜欢的牙刷，就像拥有了一件“秘密武器”，刷牙的积极性立马拉满。再搭配有趣的绘本，比如《牙齿大街的新鲜事》，用生动的故事告诉孩子刷牙的重要性，比枯燥的说教管用100倍！

刷牙时，爸爸可以和孩子玩“镜子模仿秀”：一起对着镜子做夸张的刷牙动作，你刷左边，他刷右边；还能唱刷牙儿歌，把刷牙步骤编成朗朗上口的歌词，比如“上刷刷，下刷刷，左刷刷，右刷刷，牙齿变得白花花”。记住，刚开始别对孩子要求太高，别纠结刷得干不干净、时间够不够，先让孩子爱上刷牙这件事。等养成习惯后，再慢慢教正确的刷牙方法，比如巴氏刷牙法。就像学走路，先让孩子愿意迈步，再教他走得稳、走得好。

三、把洗澡变成水上狂欢

一到洗澡时间，孩子就开始“花式抗拒”。有的怕水、怕泡泡进眼睛，有的纯粹贪玩不想洗。其实，孩子对洗澡的抵触，大多源于不好的体验。想想你小时候，是不是也有过被水呛到、被肥皂辣到眼睛的“惨痛经历”？所以，想让孩子爱上洗澡，得先消除他们的恐惧，创造愉快的体验。

从“试水游戏”开始，在水盆里放些小鸭子、小人偶玩具，让孩子用手玩水、用脚踢水，就像在玩“水上乐园”。等孩子适应了，再慢慢抱进澡盆。洗澡时，可以放些欢快的儿童音乐，比如《洗澡歌》，跟着节奏边唱边洗；还能玩“泡泡大战”，用沐浴露打出超多泡泡，捏成各种形状，让孩子在泡泡的世界里尽情玩耍。有个家庭超会玩，他们在浴室贴满夜光贴纸，晚上洗澡时，整个浴室就像星空一样梦幻，孩子天天盼着洗澡！

水温也很关键，保持在 38~40℃，和孩子的体温接近，既不会烫到也不会凉到。准备一块柔软的浴棉，轻轻擦拭孩子的身体，避免粗暴擦洗让孩子感到不舒服。如果孩子怕洗头，可以用洗头帽护住眼睛，或者让孩子躺着洗，减少水流进眼睛的风险。当洗澡变成有趣的游戏，孩子自然不再抗拒。

四、孩子洗衣服也能洗出成就感

现在有很多孩子上了高中还不会洗衣服，每周把脏衣服打包带回家！别以为洗衣服是小事，这是培养孩子生活自理能力的重要一环。孩子不肯洗衣服，大多是因为觉得麻烦，不知道怎么洗，或者没意识到洗衣服的重要性。

发展心理学研究发现，孩子的洗衣技能发展需要经历“感知→操作→责任”三个阶段，如果强制跨越阶段，反而会让孩子产生厌恶情绪。就像让刚学会走路的孩子跑马拉松，只会打击他的积极性。这套能力阶梯，就是孩子掌握洗衣技能的“成长地图”：从最初认识脏净、学会分类深浅色，到理解细菌生长；再到能独立手洗袜子、内衣，操作洗衣机清洗 T 恤；最后进入责任阶段，学会自主换洗、养护衣物，甚至能制订洗衣计划。

教孩子洗衣服，关键在“拆解步骤”。就拿洗袜子来说，可以把复杂的过程拆成六步：先浸泡 10 分钟，让污渍软化；涂抹皂液时，记得内外圈都要涂到；接着对搓袜底 20 次，重点清洁容易脏的部位；用清水摆荡 8 次，像划船一样把泡沫冲干净；挤水时采用三折法，避免水分残留；最后用夹子固定晾晒。每一步都简单易懂，孩子照着做就能成功，成就感直接“拉满”！

视觉提示也能帮大忙。在洗衣机上贴上图文并茂的流程图，从开机、放衣服、倒洗衣液到启动，一目了然；准备一本污渍处理手册，咖啡渍怎么去，墨渍用什么方法，孩子遇到问题一翻就知道。再搭配洗衣代币奖励，每完成一项任务就能得到 1 个代币，3 个代币能换周末电影选择权，5 个代币能邀请好友留宿，攒够 10 个直接兑换主题乐园门票。用这种分阶训练和激励的方法，可以迅速提升孩子技能掌握的速度。

五、孩子全方位养成好习惯，还可以试试这些“大招”

开发一个家庭生活技能仪表盘，晨起进度、刷牙评分、洗澡温度、洗衣任务，所有信息一目了然；设立多巴胺双通道奖励，完成任务马上得到荧光贴纸，集满 10 张就能兑换孩子想要的项目；根据孩子年龄给予不同程度的自主权：5~7 岁可以选择牙刷颜色、早餐种类，如果忘记刷牙，餐后就不能吃水果；8~10 岁能安排洗澡顺序、洗衣时间，没完成就得穿皱巴巴的校服；11 岁以上直接制订全周自理计划，计划失败就要减少娱乐时间。

孩子就像一台正在升级的小电脑，大脑里有两个“神奇小助手”。一个叫基底神经节，它就像自动导航，只要每天按固定顺序做一件事，坚持6周，这件事就能变成“自动驾驶模式”。比如每天起床后先去卫生间，久而久之，不用爸爸妈妈提醒，身体就会自动往那儿走。另一个叫前额叶皮层，它像个聪明的小管家，能记住做每件事需要多久。反复练习后，孩子就能知道洗衣服大概要花多长时间。

当然，家里也要“变身”成小助手的好搭档！卫生间装上可爱的水温显示贴纸、防滑小鸭子地垫，还可以放个玩具小架子，让孩子爱上洗漱。在洗衣房，专门给孩子准备矮矮的操作台，贴上画着“放衣服→倒洗衣液→按按钮”的可爱步骤图，这样孩子跟着做，就能慢慢学会自己的事情自己做啦！

最后记住，家长的语言就是孩子行为的“遥控器”。别再说“快刷牙！水都凉了”这种制造焦虑的话，换成“牙宝战队等你检阅”，瞬间把刷牙变成游戏；进阶版的“数据赋能”更厉害：“今天刷牙速度又破纪录啦！”孩子瞬间觉得自己像个小冠军！

纠正孩子的坏习惯，就像培育一棵小树苗，不能急着拔苗助长，也不能放任不管。用对方法、多点耐心，把生活小事变成有趣的游戏、温暖的互动，让孩子在快乐中养成好习惯，这才是关键。当有一天，孩子能自己按时起床、认真刷牙、开心洗澡、主动洗衣服，你就会明白，这些看似琐碎的努力，都在为孩子的独立成长打下坚实的基础！

第八课

孩子总犯错怎么办

01 找准错因才能精准破局

清晨六点半的厨房，晨光透过窗户洒在灶台上，却没能温暖妈妈骤然冷下来的脸色。她握着儿子空白的作业本，指节泛白："每天都说'等会儿写'，现在知道来不及了？"作业本上的饮料渍早已干涸，像极了母子间一次次无效沟通留下的痕迹。这样的场景，在无数家庭中不断上演——孩子犯错、家长暴怒、匆忙补救，然后问题如同打地鼠游戏里此起彼伏的"麻烦"，永远解决不完。

再看另一个场景：孩子捏着59分的数学试卷，站在客厅里，像株被霜打蔫的幼苗。他的手指关节因用力而泛白，指甲深深掐进掌心，眼神里满是不安与恐惧。而家长正宣泄着暴怒，指责如暴雨般倾泻而下，甚至情绪上头时口不择言。在这一刻，家长的反应就像魔法棒，轻轻一挥，便决定了这个错误的最终走向——粗暴的斥责会将错误变成烙在孩子心里的耻辱印记，而冷静智慧的拆解，却能把它转化为下次考试进步的阶梯。

为什么明明在努力纠错，问题却依旧顽固存在？原因在于，大多数人都困在"就事论事"的怪圈里，只看到错误的表面，却没看到错误背后的深层原因。

一、穿透表象的错误解剖

想要真正破解孩子犯错的难题，不仅需要我们精准找到错误原因，还需要引导孩子找到正确做法。

以孩子数学考59分为例，这是“错误结果”。深挖下去，“错误原因”可能包含主观和客观两方面：主观上，可能是孩子计算时粗心大意；客观上，或许是没有掌握某些错题类型。对应地，“正确做法”便浮出水面：针对粗心，可安排每天练习10道竖式题；针对知识盲区，则需要整理错题本，归纳总结。

错误绝非孤立事件，而是原因与方法相互作用的结果。这就好比种地，种子不好、浇水不当，必然长不出好庄稼。可现实中，很多家长只盯着“庄稼没长好”这个结果，对着孩子大声责骂，却从不深究土壤是否贫瘠、灌溉是否合理，最终陷入“越纠错越混乱”的恶性循环。

（一）错误原因的双重坐标系

1. 主观原因：藏在冰山之下的“态度代码”

主观原因如同电脑里的隐藏程序，在后台默默运行，表面看不见，却深刻影响着孩子的行为走向。常见的主观原因有以下三类：

动力系统故障：8岁的浩浩每天写作业都要妈妈催3小时，在妈妈眼里，他是个懒惰、没有自制力的孩子。但真相却是，浩浩觉得写完作业也不能玩，还要做额外的练习题，不如拖到最后。这种“努力无意义感”，比单纯的懒惰更具杀伤力，它像一双无形的手，悄悄抽走了孩子学习的动力。

习惯链条断裂：五年级的轩轩总是忘带课本，老师和家长都认为他记性差。可实际上，是因为他没有建立“睡前检查书包”的固定流程，在他的潜意识里，凡事妈妈都会提醒自己。大脑默认了这种依赖，导致习惯链条中的关键一环缺失，行为自然频频出错。

认知偏差陷阱：初三的雯雯拒绝整理错题本，面对老师和家长的建议，她态度坚决：“错题本是笨学生用的，我才不需要。”这种认知偏差，就像给她戴上了一副错误的“眼镜”，让她看不清正确的学习方法，只能在同一个坑里反复摔倒。

2. 客观原因：被忽视的“环境变量”

客观原因就像鱼缸里的水，水质一旦出问题，鱼必然生病。生活中，这些客观因素常常被忽视：

资源匹配失衡：二年级的朵朵背单词困难重重，家长以为是她不够努力。后来仔细观察才发现，课本配套的录音语速高达 120 词 / 分钟，远超 7 岁儿童 80 词 / 分钟的听觉处理极限。输入资源与孩子的能力不匹配，就像给刚学走路的孩子一双溜冰鞋，摔倒自然成了常事。

压力过载效应：四年级的瑶瑶在数学考试时，紧张得手抖，甚至写错了自己的名字。经过心理咨询才知道，妈妈每天都在她耳边念叨“必须考 95 分以上，不然以后考不上好学校”。长期的高压，让她大脑中的杏仁核（情绪应激中枢）持续处于高度警觉状态，学习状态自然一落千丈。

规则模糊地带：六年级的阳阳总跟同学起冲突，家长和老师都很头疼。直到深入了解才发现，家里老人教导他“凡事要忍让，不要跟人计较”，而父母却告诉他“不能吃亏，该争就得争”。双重标准让阳阳在社交中无所适从，行为变得混乱不堪。

（二）错误分析的黄金三角：溯源—归因—建模

1. 溯源：用“5why 追问法”挖到真因

很多家长在询问孩子“为什么没写完作业”时，得到“忘了”的回答就不再追问，这就好比只摸到了大象的尾巴，远远没有触及真相。正确的做法是运用“5why 追问法”，连续追问：

why1：为什么没写完？→因为看电视到晚上九点。

why2：为什么看电视超时？→因为想看完动画片。

why3：为什么不先写作业？→因为觉得作业难，想逃避。

why4：为什么觉得难？→今天的应用题没听懂。

why5：为什么没听懂？→上课走神了。

经过层层追问，终于触达问题的核心：知识断层加上畏难情绪，才是导致作业没写完的真正原因，而不是表面上的“拖延”。这种追问法就像剥洋葱，每剥一层都可能让人流泪，但只有坚持下去，才能看到问题的本质。

2. 归因：建立“责任—能力”二维坐标系

低责任低能力区（如 3 岁孩子打翻水杯）：重点在示范，而非批评。

低责任高能力区（如中学生忘带作业）：用自然后果培养责任意识。

高责任低能力区（如高中生偏科）：针对性补漏。

高责任高能力区（如故意破坏公物）：必须让孩子意识到规则的重要性。

举个例子：6 岁孩子把饭撒在桌上，若属于“低责任低能力”，妈妈应说“饭粒像小火车，需要勺子轨道引导，看妈妈怎么开火车”；若故意浪费，则属于“高责任高能力”，不妨把减少零食作为惩罚手段。

3. 建模：用“三明治法则”科学应对错误

情绪层：“妈妈知道你没考好很难过。”（先接住情绪，避免防御机制）

分析层：“我们一起看看，哪些题是因为粗心出错，哪些是没学懂。”（聚焦事实）

方案层：“每天睡前练 5 道计算题，周末找老师补不会的知

识点，这样安排可以吗？”（共同制定方案）

这种结构就像三明治，用温暖的面包夹着理性的馅料，既不让孩子被批评淹没，又能清晰拆解问题。

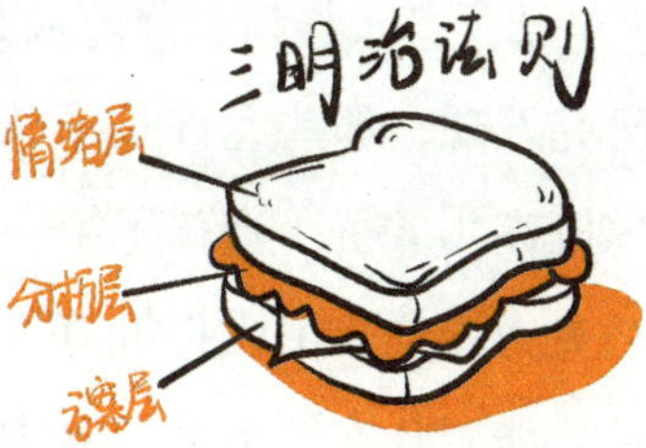

二、家庭教育中的常见纠错误区

1. 用情绪覆盖分析：愤怒是思维的天敌

当孩子不小心把牛奶打翻，很多家长第一反应就是怒吼：“怎么这么笨！连这点事都做不好！”在这一刻，家长的大脑前额叶皮层被愤怒情绪劫持，无法进行有效分析和思考。神经科学研究显示，人在愤怒时，智商平均下降 20%，此时的纠错不仅毫无效果，还可能给孩子带来心理伤害。正确的做法是，先深呼吸 10 秒，让自己平静下来，启动“冷静模式”后再处理问题。

2. 用经验替代科学：昨天的钥匙开不了今天的锁

“我小时候就是这么学的，怎么到你这儿就不行了？”许多家长习惯用自己的经验来要求孩子，却忽略了时代的巨大变化。我们小时候信息匮乏，学习资源有限，而现在的孩子面临着海量的信息、各种电子产品的诱惑，学习压力也呈指数级增长。比如背单词，“80后”用单词书死记硬背，“00后”完全可以利用App的游戏化记忆法，轻松又高效。固守经验主义只会让纠错方法与现实脱节，失去效果。

3. 用完美主义绑架进步：允许错误作为成长的刻度

斯坦福大学的研究发现，那些允许孩子试错的家庭，孩子的抗挫折能力比其他家庭高出47%。当孩子第一次煎蛋煎煳了，家长如果说“颜色像巧克力蛋糕，下次把握好火候就好”，比“连个蛋都煎不好，以后还能干什么”更能培养孩子的成长型思维。错误不是需要极力避免的洪水猛兽，而是测量孩子成长的标尺，每一次错误，都是一次进步的机会。

4. 代劳式纠错：剥夺孩子的“试错权利”

孩子打翻牛奶后，家长一边收拾一边说“算了，妈妈来”，这样做其实剥夺了孩子学习清理的机会。正确做法是递上抹布，引导孩子：“牛奶撒了没关系，我们先把桌子擦干净，下次可以用两只手端杯子。”

5. 双重标准纠错：“只许州官放火，不许百姓点灯”

家长自己随意拿孩子的绘本，却批评孩子拿同学的文具，这种双重标准会让纠错失效。教育的本质是“镜像教育”，你如何对待他人的物品，孩子就会如何模仿。

三、纠错的终极哲学：让错误变成成长的路标

NASA的工程师们每天都在和错误打交道，在他们眼中，每

个故障都不是失败的象征，而是航天器进化升级的宝贵机会。家庭教育也是如此，孩子成长路上的每个错误，都是“成长航天器”发出的故障报告。当我们学会科学拆解错误，以系统视角优化解决方法，那些曾经让人头疼、焦虑的“失误”都会变成通往自律、自信的坚实铺路石。

没有天生就不犯错的孩子，只有尚未学会解码错误的家长。下次当孩子犯错时，不妨深吸一口气，静下心来冷静分析错因及解决方案。久而久之你会发现，每个错误背后，都藏着一个让孩子向上生长的神奇密码，等待着我们去发现、去破解。

02 孩子犯错后你可以这样做

孩子打翻牛奶，抢走同伴玩具，重复忘带作业本……面对这些“屡犯”的错误，家长常陷入焦虑：“为什么说了一百遍还是错？”其实，孩子重复犯错或高频犯错，本质是成长中的“认知调试”过程——就像学走路时必然摔跤，大脑神经突触的连接需要反复练习才能固化正确模式。但如果同一错误重复三次以上，或高频出现不同类型错误，往往折射出家长纠错方式的偏差：要么停留在情绪宣泄的指责，要么缺乏系统化的引导策略。教育学家简·尼尔森在《正面管教》中指出：孩子的每一次错误，都是重构大脑认知地图的机会，关键在于家长能否将“闯祸现场”转化为“成长课堂”。

如何让孩子在错误中学会走路，而不是在指责中躲躲藏藏，家长可以这样做：

第一步，捕捉闪光时刻，给正确行为“贴标签”——用具体反馈激活大脑奖励机制

当孩子做出符合社会规则的行为时，及时的行为锚定能让正确做法像二维码一样被大脑识别。比如孩子用完同学的橡皮擦后主动归还，家长可以蹲下来平视孩子：“妈妈看到你把同学的橡皮擦放回‘原位’了（具体行为描述），这种物归原主的做法，让同学下次还愿意借你东西（正向结果），这就是尊重别人的表现（贴标签）。”这种具体到毛细血管的表扬，比空洞的“你真棒”有效十倍。咱们大脑里有个叫“快乐小雷达”的区域（伏隔核），它对具体的行为反馈超级敏感。

例如：

无效表扬：“宝宝真乖！”（大脑无法识别“乖”对应的具体行为）

有效反馈：“你把小明的橡皮放回铅笔盒了（具体行为），这样他下次还愿意借给你（正向结果），这叫‘物归原主’（贴标签）。”

这种反馈能让孩子建立“行为—后果”的因果链。当孩子清楚知道“做完这件事马上有好结果”，就会像上了发条一样主动重复做好事。

第二步，破坏性批评 VS 建设性批评——孩子主动认错的秘诀

当孩子未经允许拿走他人物品，家长常犯的错误是启动人格攻击模式：“拿别人东西的孩子是没教养的孩子！”这种批评就像往孩子心里扔炸弹，会激活大脑的杏仁核产生恐惧反应，引发防御机制。

正确做法是使用行为定位法：

事实陈述：“你拿了小美的彩笔，但事先没问她。”（只谈行为，

不贴标签）

客观影响：“她现在做手抄报找不到笔，急得快哭了。”（用具体场景替代抽象说教）

换位思考：“如果别人拿走你的机器人却不告诉你，你会开心吗？”（激活前额叶皮层的共情能力）

有位爸爸在孩子抢拼图后，没有指责“自私”，而是带他观察：“你看小雨攥着拳头，眼眶红红的，刚才他拼了 20 分钟的城堡被你推倒了，就像上周你搭积木时被弟弟碰倒一样……”这种“情感镜像”让孩子主动说出：“爸爸，我不该这样。”

脑科学研究表明，建设性批评能绕过杏仁核的防御机制，直接将信息传递到负责理性思考的前额叶，使孩子的接受度提升 70%。

第三步，追问“为什么”——用“剥洋葱提问法”拆解错误根源

孩子重复犯错，往往是因为没搞清楚“行为逻辑链”。比如频繁拿他人物品，可能有三层原因：第一层是不知道需要征求同意，这属于他的认知盲区；第二层是觉得别人的东西就是我的，说明他的物权概念模糊；第三层是想引起关注，所以故意犯错，说明他有情感需求。

家长可以用“剥洋葱提问法”层层深挖。

基础问：“你拿小美的贴纸时，知道需要先问她吗？”（判断认知）

进阶问：“如果小美没经过你同意拿走你的奥特曼，你会开心吗？”（换位思考）

深度问：“你今天主动帮妈妈拿拖鞋时，是不是希望妈妈夸你？拿贴纸时是不是也想让小美注意到你？”（情感联结）

这种追问不是审判，而是在帮孩子建立“行为—后果”的因果关系。这就跟程序出现了漏洞，只有找到代码错误行，才能写出正确程序一样。

第四步，破解主观错误——用场景化教学拆除“认知路障”

孩子的很多错误背后，都藏着未被纠正的“错误程序”。比如认为别人的玩具就是公共玩具的孩子，其实是大脑里的物权模块尚未发育成熟。学龄前孩子的抽象思维较弱，需通过具体体验建立规则。例如孩子总认为“别人的玩具 = 公共玩具”，家长可以用更具象的方式让他把家里的物品贴上乐乐专属、妈妈专属、全家共享的标签，让孩子直观理解所有权；还可以玩角色扮演游戏，让孩子扮演小店老板，体验购买需要询问价格并付钱，否则会被当成小偷。这种场景化教学，比口头说教的吸收率高 60%。

第五步，接纳客观错误——让孩子看见行为的“蝴蝶效应”

孩子往往意识不到自己的行为会对他人造成影响，就像踢翻积木的孩子，只看到散落的积木，却看不到同伴辛苦搭建的心血一样。家长可以使用“情感镜像法”工具：

让抢玩具的孩子观察同伴的情绪变化，或用手机拍下对方哭泣的照片（当然要经对方的允许），回家后一起看照片讨论：“你看小朋友眼角的泪珠，她的积木城堡倒了，现在既伤心又生气，就像你拼了很久的乐高被碰倒，是不是特别难受？”

这种方法能激活大脑镜像神经元，使孩子与他人产生共情。曾有孩子故意踩脏同学的画，当他被迫重画一幅（体验耗时）并看到同学的难过表情后，主动道歉并学会了珍惜他人劳动成果。

第六步，制定“防复发协议”——用具体步骤替代“下次注意”

错误改正需要可操作的指南，而非空洞承诺。家长可和孩子制定“三步执行法”，例如“借用物品”规则：

目光接触：看着对方眼睛说“我想用你的 × ×”。

等待回应：耐心等对方说完“可以”或“不行”。

得到允许：获得同意后再拿取。

将规则画成漫画贴在书包、客厅等常见场景，以此强化记忆。行为心理学研究显示，明确的步骤指引比抽象道理的执行力高5倍。有位爸爸和孩子制定“整理书包三步法”（清作业→装课本→查清单）后，孩子忘带作业的次数从每周3次降为0次。明确的行为步骤比抽象的道理更易执行。

孩子的成长不是笔直的坦途，而是由无数错误铺就的蜿蜒小径。当家长学会拆解问题、用脑科学原理理解行为、用系统化工具引导孩子改进时，就更容易将孩子的每次犯错转化为“大脑升级”的契机。

记住：重复犯错不是孩子的错，而是教育方式需要迭代的信号——就像园丁不会因树苗歪斜而砍伐，而是调整支撑的支架。真正的教育智慧，在于帮助孩子在错误中建立“反脆弱”人格，让他们明白：犯错不是能力的终点，而是成长的起点，每一次跌倒，都是为了下一次站得更稳。

03 告别撒谎与攀比，培养孩子诚实、谦逊的品格

客厅里传来一声脆响，5岁的女儿手忙脚乱地踢着碎瓷片，看到妈妈转身，立刻把脏手藏到背后：“是……是小猫碰倒的！”孩子什么时候开始学会用谎言保护自己？

当10岁的儿子指着同学的新文具说“我家里有更贵的”，家长又该如何辨别这背后是自卑还是虚荣？

微小的行为在悄悄绘制着孩子的价值观。

诚实与谦逊，不是可有可无的道德点缀，而是孩子行走世界的立身之本。当下信息爆炸、功利盛行，谎言或许能换来一时便利，虚荣也许能博取短暂关注，但那些用谎言堆砌的“成功”，终会在现实重压下轰然坍塌；靠攀比撑起来的“优越感”，也不过是空中楼阁。

放眼当下，职场中因失信被列入黑名单者比比皆是，社交里因傲慢而众叛亲离者屡见不鲜。这些成人世界的教训，也是孩子未来可能面临的现实。从小培养诚实，就是教会孩子对自己负责，对他人守信，让每一个承诺都掷地有声；塑造谦逊，则让孩子明白山外有山，人外有人，要始终保持学习的姿态和进取的动力。

唯有重视这两种品质的培养，才能让孩子在成长路上走得稳、行得远。

一、告别谎言，拥抱诚实

1. 撒谎背后的两个“心理引擎”

（1）趋利避害的本能防御

儿童发展心理学研究显示，3~6 岁孩子的撒谎行为中，72% 是为了逃避惩罚。就像小刺猬遇到危险会蜷缩，孩子把打碎的花瓶甩锅给宠物猫，本质是大脑的生存本能在作祟。人类在感知到威胁时，会优先启动“逃避程序”，让孩子在 0.3 秒内做出撒谎反应。很多孩子在第一次撒谎被严厉训斥后，下次犯错时，他的谎言反而更加复杂。

（2）标签效应的反向驱动

家长常犯的错误，是把“事错”升级为“人错”。当我们说“你就是个骗子”，相当于在孩子脑内植入负面标签。心理学中的“自我验证理论”指出，孩子会不自觉向标签靠拢。妈妈如果总说女儿“爱撒谎”，长期下去孩子真有可能会习惯性撒谎，甚至在没犯错时也会下意识否认，她的内心逻辑是：反正妈妈不相信我，不如假戏真做。

2. 纠正撒谎行为的正确做法

（1）第一次撒谎：启动温柔拆解模式

当发现孩子撒谎，家长的第一反应决定了纠错走向。正确做法是“事实 + 感受 + 选择”三步法。比如你对孩子说：“妈妈看到花瓶碎在地上，小猫在窝里睡觉。”这是在进行事实陈述；“你没说实话，让我有点难过。”这是在做情感表达；“现在你可以选择告诉我真相，或者我们一起想办法弥补。”这个时候是给孩子提供台阶。这种方式比怒吼有效 10 倍，因为它给了孩子“诚实比撒谎更安全”的心理暗示。

也可以想一个激励机制，让孩子感受到说实话能积累快乐，撒谎会损失利益，这种具象化的激励，比抽象的道德教育更可触摸。

（2）后果教育：让谎言产生可见成本

孩子撒谎往往是因为看不到长远代价，就像玩游戏开作弊码，只图眼前通关。家长可以尝试让错误后果可视化。有位妈妈在孩子撒谎说“作业写完”后，没有惩罚，而是说：“既然写完了，就帮妈妈整理衣柜吧。”孩子在劳动中意识到撒谎并没有得到自己想要的结果，而需要付出额外代价，此后作业完成率提升了 80%，因为他明白了逃避责任会带来新的负担。

（3）镜像教育：家长先做诚实示范者，做榜样

想让孩子说实话，家长要先暴露自己的不完美。有个家庭发明了每日诚实分享会，父母带头说自己的失误：“爸爸今天上班迟到，因为赖床了，这是不对的”“妈妈把你的漫画书借给同事家的哥哥，没提前告诉你，这是妈妈的错”。孩子在这种坦诚的氛围中，主动承认错误的概率提升了 73%，因为他知道诚实不会

失去爱，反而能换来理解，这种家庭环境的诚实浓度比任何说教都更有感染力。

二、告别攀比，专注自我

1. 攀比背后的心理暗涌

（1）社会认同的缺失焦虑

中学生小雨省下午餐钱买名牌鞋，表面看是虚荣，深层是“归属感饥饿”。孩子或许会通过攀比获得同伴认可，就像原始人通过展示捕猎成果获得族群接纳一样。有个读初中的女孩转到新学校后，突然沉迷攀比，原因是在陌生环境中，她错误地认为“拥有更多物质就能被喜欢”，这种认知偏差需要家长及时介入，帮助孩子建立健康的社交认同。

（2）自卑心理的代偿机制

一些家庭条件普通的孩子动不动就要买千元球鞋，其实是“过度补偿心理”在作祟。自卑的孩子会通过炫耀外在物质，来掩盖内心的自我怀疑，这就像用华丽的包装纸包裹破损的礼物一样，本质上是害怕被看穿“不够好”。这种心理若得不到疏导，可能会演变成病态虚荣。

（3）家庭价值观的隐形投射

家长不经意的攀比言行，是孩子炫耀的“催化剂”。当妈妈说“你看楼上明明的爸爸又升职了”，爸爸说“咱家车比舅舅家的旧”，孩子会潜意识认为“价值等于比较”。

2. 重新建立孩子的正确价值坐标

（1）切断攀比的镜像神经链

家长要先卸下自己的比较滤镜，每天记录孩子三个非物质优点，比如“你画的画充满想象力，这可是多少钱都买不到的天赋”。当孩子听到的赞美从“你的鞋子真漂亮”变成“你的分享行为很暖心”，炫耀行为会自然减少，因为他找到了更稳固的价值锚点，明白内在品质更能得到他人认可。

（2）建立内在价值评估体系

给孩子制作“个人勋章墙”，这种做法特别适合小学阶段的孩子。家长可以在墙上张贴“勇气勋章”（主动承认打碎杯子）、“智慧勋章”（想出创意解决方案）、“温暖勋章”（帮助同学）。有位爸爸每周和孩子进行“价值对话”：“你觉得同桌为什么喜欢你？是因为你的新玩具，还是因为你耐心教他做题？”这种引导能让孩子逐渐明白：真正的朋友不会因物质而靠近，而是会被真诚和善良所吸引。

（3）设计需求满足梯度

父母不能无条件满足孩子的所有需求，对于价格过高的东西，要让孩子明白当下没有条件购买。如果孩子非常想要某件东西，可以让他通过做家务、收集废品来赚钱，年纪大些的还可以打暑假工自己争取，让孩子把攀比心转化为动力，而不是一味沉浸在虚荣里。

三、家长千万不要陷入的三大培养误区

1. 非黑即白的道德审判

发现孩子撒谎就扣上品德败坏的帽子，看到攀比就贴上“虚荣浮躁”的标签，这种极端评判会堵塞沟通渠道。正确做法是对事不对人：“这次撒谎是错误的行为，但不代表你是坏孩子，我们可以一起解决。”这种态度能让孩子感受到错误可以纠正，爱不会消失，从而更愿意配合改进。

2. 过度纠错的反向刺激

有的家长发现孩子撒谎后，采取 24 小时监控、反复说教的方式，殊不知，这样做反而强化了孩子的逆反心理。神经科学研究表明，持续的负面刺激会让孩子大脑的前额叶皮层产生“纠错疲劳”，导致撒谎行为固化。明智的家长懂得“留白教育”，给孩子留出自我反思的空间，这比密集纠错更有效。

3. 双重标准的价值撕裂

家长一边要求孩子诚实，自己却在朋友圈营造完美家庭形象；一边反对孩子攀比，自己却沉迷奢侈品消费。这种双重标准会让教育效果归零，因为在孩子眼中，正确与否永远取决于父母的行为而非语言。想要培养出诚实谦逊的孩子，家长必须先成为言行一致的“价值标杆”。

一个拥有诚实谦逊品质的孩子，成年后其职场信任度和抗挫折能力会高于平均值。而我们要培养的不是不犯错的完美小孩，

而是能正视错误、持续成长的孩子。当孩子撒谎时，不妨想想：这是他学习承担责任的契机；当孩子炫耀时，问问自己：是否帮他找到了比物质更闪耀的内在光芒。

真正的教育，是让孩子在摔倒时，首先想到的不是用谎言掩盖伤口，而是勇敢伸出手说“我需要帮助”；在看到别人的光芒时，不是急于攀比，而是能由衷欣赏并专注打磨自己的闪亮之处。

04 做好家校协同，改掉小问题，孩子快成长

当家长的也许都有过这种无奈：孩子在家写作业磨磨蹭蹭，说了无数遍“快点写”都没用，可老师在课堂上提醒一句“注意时间”，孩子就能乖乖提速；孩子犯了错误，家长教训一句，孩子三句诡辩等着，而老师轻轻一句，孩子马上就一副“洗心革面”的好态度。

为啥老师的话比父母的话管用？其实啊，这不是父母没威严，而是老师站在学校的“规则场”里，说的话自带“集体标准”的分量。但反过来想，要是咱们能和老师搭好伙，那不就相当于给孩子的成长上了“双保险”吗？这一节咱们就聊聊，怎么和老师处成“教育合伙人”，不折腾、不尴尬，还真能帮上孩子。

一、别再纠结“该不该沟通”，破除三个心理障碍

好多家长和老师沟通时总有顾虑，先把这几个“心结”解开。

1. 孩子成绩不好，怕老师嫌弃

其实老师最怕的不是孩子有问题，而是家长不配合。你主动问：“老师，我们在家试了 ×× 方法，效果不太好，您觉得问

题出在哪儿？”反而会让老师觉得你重视教育，更愿意帮你。

2. 孩子成绩不错，没必要沟通

成绩好≠没短板。我认识一位妈妈，孩子数学拔尖但语文阅读总丢分，她和老师一聊才知道，孩子不爱读长篇文章，老师推荐了“每天精读一段”的方法，后来语文成绩也提上来了。

3. 沟通好几次没效果，算了吧

可能是你问的问题太“大”了。比如你问：“老师，孩子学习习惯差怎么办？”老师很难一句话回答。但如果你问：“孩子写作业总咬笔，是专注力不够吗？在家怎么训练？”老师就能给出具体招儿。

二、与老师沟通的三个“偷懒技巧”，省时又有效

1. 见缝插针聊几句，比打电话更管用

接孩子放学时，瞅准老师不忙的空当，花三分钟聊两句，效果特别好。比如：

问具体表现：“老师，这星期孩子在课堂上举手回答问题了吗？”（比“最近表现咋样”更具体）

说家里情况：“孩子在家写作业时总是注意力不集中，您觉得可以怎么做？”

请老师支着儿：“他背诵总记不住，您平时在班里用什么方法帮孩子记忆呀？”

小提醒：别在老师吃饭、午休时发消息，咱忙了一天累，老

师也一样。早上送孩子时、下午放学时，都是好时机。

2. 提问越“小”越有用，别问“怎么让孩子学习好”

好多家长一开口就“放大招”：“老师，怎么才能让孩子成绩提高啊？”这问题就像问“怎么才能有钱”一样，没法一句说清。不如把问题拆成“小零件”：

关于学科：“孩子计算总出错，是练得不够还是方法不对？需要每天做多少道口算题？”

关于习惯：“他写作业总拖延，在家用定时器好还是列清单好？您建议哪种方法？”

关于情绪：“最近回家总说不想上学，是不是在学校和同学闹矛盾了？您帮我留意下行吗？”

有位妈妈问老师：“孩子读课文时总漏字，在家怎么练？”老师说：“可以让他手指着字读，眼、手、口一起动。”妈妈回家试了两周，孩子漏字的情况少多了。你看，具体的问题才能换来具体的办法。

3. 多“说事实”，少“提要求”，老师更愿意帮你

咱们都知道，没人喜欢被指挥，老师也一样。与其说“老师，您多表扬表扬我们家孩子”，不如换个说法：

说优点：“孩子在家主动帮奶奶洗碗，特别有责任心，麻烦您在他表现好时提一句，他肯定更有干劲！”

说困惑：“他最近总说自己‘笨’，是不是在学校遇到啥挫折了？”

说努力：“我们在家每天练 20 分钟口算，这星期正确率提高了 10%，麻烦您上课时夸夸他，让他更有信心！”

心理学小技巧：老师也是人，更喜欢和“懂配合”的家长打交道。你给他“递”孩子的具体情况，他就能“接”着给出建议，这才是良性互动。

三、不同场景下的沟通“万能模板”

1. 孩子犯错时，怎么和老师“一起管”

别先说“孩子不懂事，您随便批评”，可以这样：

“老师，听说他今天和同学吵架了，我们在家问了半天，他说因为玩具分享的事。您觉得这种情况，我们在家怎么引导他学会沟通呀？”（把老师当成“顾问”，一起找解决办法）

2. 对老师有建议时，怎么说不尴尬

当感觉作业量比较大时，别直接说“作业太多了，孩子写到很晚”，可以这样：

“老师，最近孩子写完作业总喊累，我们观察了一下，发现有一半时间花在抄写生字上。您看，是不是可以挑重点字抄，或者用听写代替？我们配合您的安排！”（先共情，再提具体建议，最后表示支持）

四、沟通频率和“度”怎么把握

好多家长问：“要不要每周都和老师聊？”其实不用太刻意，根据孩子情况来。孩子有明显问题（如成绩骤降、行为异常）：每周 1~2 次，及时了解情况；孩子状态稳定：每 2~3 周聊一次，或者有具体问题时再聊；沟通时长：每次 5~10 分钟足够，老师忙的时候，发几条消息说清楚就行。

最重要的是别把和老师沟通当成“任务”，而是把它看作“了解孩子的窗口”。你每次和老师聊完，其实都更懂孩子了——他在学校的朋友是谁，喜欢哪门课，遇到了什么小困难……这些信息可比“孩子今天乖不乖”更珍贵。

05 思维进阶：塑造从错误中成长的心态

在孩子跌跌撞撞的成长轨迹里，错误如同四季更迭般自然存在。数学题反复出错、比赛失利、手工制作失败……这些看似负面的经历，实则蕴含着推动思维蜕变的巨大能量。教育心理学研究表明，孩子面对错误的态度，不仅影响当下的学习效果，更会塑造未来应对挑战的底层思维模式。我们可以从认知重构、自信培育、习惯养成三个维度，帮助孩子实现从“害怕犯错”到“拥抱错误”的思维进阶。

一、转变认知：将错误重塑为成长的阶梯

固定型思维与成长型思维的差异，本质上是对“能力”的不同认知。拥有固定型思维的孩子，将自身能力视为静态的“天赋”，一旦遭遇错误，就会陷入自我否定。例如，在机器人编程课上，当孩子编写的程序无法让机器人完成指定动作时，固定型思维的孩子可能会沮丧地说：“我根本不是学编程的料。”这种思维让他们面对困难时，更容易选择退缩或回避。

而成长型思维的孩子则把能力看作可发展的“技能树”，他

们会把暂时出现的错误当作点亮新技能的钥匙。同样是机器人编程失败，他们会兴奋地说："原来这个代码会让机器人跑偏，我再调整参数试试！"这种思维模式下，孩子更愿意主动尝试、积极探索，在试错中实现能力的迭代升级。

1. 科学归因：打破错误的"宿命论"

归因理论指出，孩子对错误的归因方式，直接影响其后续行为。当孩子数学考试失利时，简单归因为"我太笨"属于"能力归因"，容易削弱学习动力；而引导孩子分析"计算步骤遗漏""应用题审题偏差"等具体原因，则是"策略归因"，能激发孩子改进的意愿。

家长可运用"错误拆解三步法"。首先，与孩子共同梳理事件经过，例如孩子手工课上纸飞机飞不起来，一起回顾折纸步骤。其次，通过提问引导孩子思考："是不是机翼角度折得太小了""机头和机身的重量比例合适吗"。最后，将原因归类为"方法问题"而非"能力问题"，让孩子明白：错误不是终点，而是优化策略的起点。

2. 成长型思维的培养方法

（1）语言引导

在日常生活中，家长和老师要使用具有成长型思维导向的语言。当孩子犯错时，不说"你怎么又做错了"，而是说"这次的小失误能让我们找到做得更好的办法"。

（2）榜样示范

成人自身展现出成长型思维对孩子影响深远。家长可以分享自己在工作或生活中犯错后努力改进的经历。比如，家长可以说："妈妈之前学做菜，第一次炒的菜特别难吃，但我不断尝试新的做法，现在也能做出美味的菜肴了。"让孩子看到错误不是终点，而是成长的起点。

（3）故事启发

借助蕴含成长型思维的故事，帮助孩子理解错误的价值。像《龟兔赛跑》中，兔子因骄傲自满犯错输掉比赛，通过这个故事可以引导孩子思考，如果兔子能认识到自己的错误，改正态度，未来可能会取得更好的成绩。通过故事讨论，让孩子在轻松的氛围中转变对错误的认知。

二、建立自信：在错误中淬炼成长的底气

1. 自我效能感的构建密码

自我效能感理论强调，个体对自身能力的信心，直接影响其行为表现。当孩子在航模比赛中因操作失误导致飞机坠毁时，若能通过调整操作手法，在后续练习中实现平稳飞行，这种"从失败到成功"的经历会极大提升自我效能感，让孩子相信"我可以通过努力改变结果"。

2. 经验转化的实操策略

（1）三维复盘法

孩子犯错后，父母可以引导其从"行为过程""情绪反应""改进方案"三个维度进行复盘。例如，孩子在演讲比赛中忘词后，

父母可以引导他回顾总结：“当时是讲到哪个部分开始紧张的？”“忘词时心里是怎么想的？”“下次可以准备小纸条提示，或者多进行模拟演练。”通过结构化的复盘，将零散的错误经验转化为可复用的成长策略。

（2）任务拆解训练

父母可以引导孩子将复杂任务分解为“微目标”，让孩子在小步前进中积累成功体验。比如学习钢琴时，可以引导孩子先专注练习一个小节的指法，熟练后再拓展到完整曲目。制作“成长进度条”，每个微目标达成后，用彩色笔填充完成部分，可视化的进步能有效增强孩子的成就感。

（3）精准鼓励艺术

避免笼统的表扬，采用“描述行为 + 点明价值 + 表达期望”的句式。当孩子通过反复尝试终于拼好复杂的乐高模型时，家长可以说：“你连续三天都在研究说明书，尝试了不同的拼接顺序，这种坚持和探索的精神特别棒！我相信下次遇到更难的模型，你也能挑战成功！”

三、鼓励孩子持续从错误中学习，构建“错误学习”的自动化反应

依据习惯养成的“提示—行动—奖励”模型，家长可以将孩子犯错的瞬间转化为培养习惯的契机。当孩子在作业中频繁出现计算错误（提示），家长可以引导孩子使用“错题三步分析法”：

首先用红笔圈出错误点，接着在旁边写下错误原因（如“进位遗漏”“小数点标错”），最后重新工整地计算一遍（行动）。当孩子坚持完成错题分析，家长可以给予具体的奖励：物质奖励方面，可以给孩子买一本想要的漫画书，或去一次心仪餐厅就餐；精神奖励上，可以是一个充满力量的击掌，配上“你主动找错的样子特别认真，这就是进步的开始”这样充满鼓励的话语。

为了强化习惯，还可以制作“错误学习打卡表”，将一周划分为七天，每天设置“发现错误”“分析原因”“改正错误”三个打卡项。当孩子连续打卡满一周，便可以收获“小侦探勋章”一枚；满一个月，就可以获得一次家庭游戏之夜的策划权。通过这种可视化的进度追踪和阶梯式奖励，让孩子逐渐形成“遇到错误→主动反思→积极改进”的自动行为模式。

通过转变认知、建立自信和长期坚持三个方面的努力，我们能够帮助孩子塑造从错误中成长的心态。如同搭建城堡，每一次错误都是一块基石，当孩子学会正确对待错误，不断总结经验、持续努力，迟早有一日他能搭建起属于自己的成长城堡，在人生道路上实现螺旋式的进步。家长和教育者要充分发挥引导作用，为孩子创造有利条件，让他们在错误中汲取力量，茁壮成长。

第九课

青春期的迷雾与光芒

01 孩子性情突变，解码青春期身心"内耗"

"妈，你能不能别烦我？""爸，你别总说为我好！"曾经那个追着你分享校园趣事、眼里满是依赖的孩子，如今却常常把自己关在房间里，对着手机屏幕时而傻笑时而皱眉。

面对孩子突如其来的性情转变，许多家长陷入深深的焦虑与困惑："我的孩子怎么了？"事实上，青春期孩子表现出的冷淡与疏离，背后是身心冲突的激烈碰撞。这些冲突如同地壳运动下涌动的岩浆，表面看似平静，实则在悄然重塑着孩子的心理地貌。只有深入理解这些冲突的本质，我们才能真正读懂孩子的内心，在他们最需要的时候，给予恰当而温暖的支持。

一、生理剧变：激素下的情绪起伏

青春期的身体宛如一个精密且复杂的化学实验室，睾酮和雌激素的剧烈波动，常常将孩子卷入情绪的惊涛骇浪之中。医学研究数据显示，青春期男孩的睾酮水平最多可增长10倍，女孩的雌激素波动幅度也能达到成人的70%。这种"化学风暴"直接作用于大脑的情绪调节中枢，使得孩子们频繁出现"情绪断崖"现象——

前一秒可能还因为收到朋友的一条有趣消息而欣喜若狂，下一秒就可能因为父母一句无心的批评而瞬间崩溃大哭。

与此同时，青春期孩子的感官敏感度会显著提升。他们可能会因为家人关门声稍大而大发雷霆，或是对房间里的光线、空气中的气味变得格外挑剔。这并非孩子在故意找碴儿、无理取闹，而是由于大脑中的杏仁核处于高唤醒状态，他们对外部刺激的反应变得更加剧烈和敏感。然而，很多家长并不了解这一生理变化，常常抱怨“就你事多，我们小时候怎么没这么矫情”。这样的不理解不仅无法缓解孩子的情绪，反而会加剧他们内心的矛盾与内耗。

外貌焦虑也是生理剧变带来的一大棘手挑战。镜子里突然冒出的青春痘、变声期嘶哑的嗓音、身高体重的快速变化，都可能成为孩子自我怀疑的源头。哈佛大学的一项研究表明，58% 的青少年对自身外貌不满意。现实中，类似的案例屡见不鲜：曾有一位初中女生，因为觉得自己腿粗，即便在炎热的夏天也坚持穿着长裤，最终因中暑被紧急送往医院；还有男孩因为身高暂时落后于同龄人，便拒绝参加自己热爱的篮球活动。这些看似难以理解的行为背后，是孩子在努力适应身体变化过程中所经历的痛苦与挣扎。

二、心理断奶：独立与依赖的拉扯

青春期是孩子心理断奶的关键时期，他们的独立意识如破土春笋般开始觉醒，但实际能力却往往跟不上内心对独立的强烈渴望。从脑科学的角度来看，孩子大脑中的前额叶——这个负责决策和理性思考的重要区域，其发育速度远远滞后于边缘系统（情绪中心）。这种发育的不同步，使得孩子常常陷入“想独立却做不好”的矛盾境地。

生活中，我们不难看到这样的场景：孩子坚决拒绝父母接送上学，想要证明自己的独立，却在第一次独自乘车迷路时，躲在角落里偷偷掉泪；他们大声宣称“我的事我做主”，可在选择兴趣班时，又会反复纠结，甚至在心底偷偷期待父母能给出建议。这些看似矛盾的行为，正是孩子在探索独立边界时的真实写照。

在学业方面，青春期孩子面临的压力达到了前所未有的程度。相关调查数据显示，不少初中生会因为成绩问题焦虑失眠，其中有些孩子甚至出现了“习得性无助”的心理，认为“无论怎么努力都没用”。许多孩子试图通过熬夜刷题来缓解焦虑，却又不自觉地故意磨蹭；当家长关心询问时，他们反而会烦躁地大喊：“你只关心分数！”为了帮助孩子缓解学业压力，家长可以尝试与孩子一起建立“压力温度计”。让孩子用 1 分到 10 分来标记自己的焦虑程度，当分数超过 7 分时，就立即启动“暂停机制”，比如听 5 分钟轻音乐放松身心，或者做 10 个开合跳释放压力。这种方法能够帮助孩子学会自我调节，避免一味地陷入焦虑的泥潭无法自拔。

三、社交重构：社群更迭中的归属感迷失

随着青春期的到来，同伴关系在孩子心中的地位愈发重要。研究表明，青春期孩子每天与同伴互动的时间长达4.2小时，是亲子交流时间的3.8倍。这种情感重心的转移，常常让父母感到失落，甚至觉得孩子“翅膀硬了”，不再需要自己。

在日常生活中，家长可能会发现，孩子宁愿向陌生的网友倾诉内心的秘密，也不愿与父母分享心事；为了能够融入某个小团体，得到同伴的认可，他们会穿上自己并不喜欢的衣服，或者去做一些原本不感兴趣的事情。例如，有位家长发现女儿为了融入“追星社群”，竟然省下午饭钱去购买偶像周边。这位家长没有直接指责女儿，而是巧妙地组织了“追星研讨会”，同女儿一起讨论：“你喜欢这个偶像，妈妈看着也觉得不错。你觉得偶像身上哪点最值得学习？我们来讨论一下，看看咱俩的观点是不是一致。咱俩还可以一起制订一个追星计划。”这种理解和引导的方式，远比单纯的禁止和批评更有效，能够在不伤害孩子情感的前提下，帮助孩子建立正确的社交观念。

与此同时，社群的重新洗牌也让很多孩子感到迷茫和无助。小学时亲密无间的好朋友，可能会因为分班而逐渐疏远，这会让孩子或多或少产生一些“被抛弃感”；而当他们想要加入新的群体时，又常常不知道如何开口，只能故作洒脱地假装“不在乎”。在这种情况下，家长可以充当孩子的社交导师，帮助他们开展“社交技能工作坊”。通过角色扮演的方式，练习一些实用的开场白，比如“你也喜欢这个乐队？我有他们的珍藏版 CD，下次可以一起听！”此外，家长还可以多带孩子参加各种兴趣社团，让孩子在共同爱好的基础上，轻松降低社交压力，拓展社交范围。

四、将内耗转化为成长：家长的支持策略

面对孩子的青春期内耗，家长可以从生理、心理、价值观等多个层面提供全方位的支持，帮助孩子将这些冲突转化为成长的强大动力。

在生理支持方面，家长要努力成为孩子的“激素缓冲器”。通过调整家庭饮食结构，增加富含 Omega-3 的食物，它是一类对人体健康非常重要的多不饱和脂肪酸，在青春期孩子身心快速发展、情绪容易波动的阶段，增加富含 Omega-3 的食物，对孩子有诸多益处。如三文鱼、核桃等，它们都可以帮助孩子缓解情绪波动；

同时，建立“电子设备宵禁”制度，比如规定22:00后禁止使用手机，确保孩子每天能有9小时的充足睡眠，这是青春期身体发育必不可少的条件。

心理陪伴同样至关重要，家长要学会做孩子合格的“情绪容器”。当孩子情绪低落时，应给予孩子充分的理解和尊重。比如，当孩子因为比赛落选而情绪低落时，家长可以说：“你看起来很生气，是因为比赛落选了吗？妈妈陪你坐一会儿。”避免使用“多大点事，别玻璃心”这样否定孩子感受的语言，而是用“如果是我，可能比你更难过”来表达共情，让孩子感受到自己的情绪被接纳。

在培养孩子自主性方面，家长可以制订渐进放手计划。根据孩子的年龄和实际能力，逐步增加他们的自主权。例如，在初一阶段，让孩子自主选择课外书；初二时，允许孩子规划周末时间；到了初三，邀请孩子参与家庭开支讨论等。同时，建立失败容错机制，允许孩子偶尔犯错，比如因赖床迟到一次，事后再和孩子一起共同分析“下次怎么调整闹钟”，让孩子在试错中积累经验，实现成长。

对于学业压力，家长可以帮助孩子重构“努力的意义”，多给予过程导向的表扬。比如，当孩子主动整理错题本时，家长可以说：“你今天主动整理错题本，这种学习态度比分数更重要。”此外，注重培养孩子的成长型思维，引导孩子用“暂时困难”代替“我学不会”。例如，当孩子数学建模遇到难题时，家长可以鼓励孩子：“困难只是暂时的，我们可以找老师请教方法，相信你一定能攻克它！”

在社交方面，家长要充当孩子社交路上的助攻手，帮助孩子搭建社交抓手。家长可以通过“对话接龙”的游戏方式，帮助孩子练习沟通技巧，提高识别人际感受的能力；同时，还应该引导孩子平衡旧友和新交的关系，比如可以通过组织“小学同学云聚会”等活动维系珍贵的友谊，也可以多带孩子参加新的兴趣班，帮助孩子拓展社交圈，结识更多志同道合的朋友。

青春期孩子的冷淡，恰似蝉蜕变前的静默，外壳虽然坚硬，内里却在经历破茧的剧痛。当我们把“孩子怎么了”的焦虑，转化为“他在经历什么”的理解，就能透过冷淡的表象，看到孩子内心真实的需求与挣扎。

心理学家埃里克森曾说：“青春期的混乱，是人格整合的必经之路。”作为家长，我们要做好孩子的“成长陪练”，耐心陪伴他们度过这段特殊时期。当有一天，孩子主动对你说“妈，我最近有点迷茫”时，请不要焦虑，这恰恰说明你已经成了孩子信任的港湾，而孩子也愿意向你敞开心扉，共同面对成长路上的挑战。

02 社交碰壁，拆解青春期人际交往难题

当孩子的社交世界陷入风雨，作为家长，我们如何给予精准且温暖的支持？接下来，让我们深入剖析青春期社交中的常见困境，解锁实用的应对策略与训练方法。

一、青春期社交困境图鉴

当孩子突然变得沉默寡言，或是总把自己关在房间，这些细微变化或许正是社交碰壁的信号灯。青春期的社交如同一场充满挑战的拼图游戏，每个孩子都在跌跌撞撞中寻找自己的位置。以下是几种典型的社交困境，以及背后的心理成因。

1. 被忽视的“透明人”

在班级里，有些孩子仿佛自带“隐身”属性：课桌永远被安排在教室后墙，体育课分组时总是被遗忘，只能默默加入无人选择的队伍。比如初二学生小宇，每次小组活动他都像个局外人，看着同学们三五成群热烈讨论，自己却插不上话。这类孩子往往存在以下问题：

社交启动能力弱：不知道如何开启对话，只能在一旁默默观

察，内心渴望融入却缺乏行动的勇气。

存在感偏低：没有鲜明的个人特色，无论是兴趣爱好还是特长，都难以在群体中脱颖而出，容易被大家忽视。

情绪解读困难：无法敏锐察觉他人态度的细微变化，常常错过建立友谊的绝佳机会。

从心理学角度来看，这是青春期自我认同混乱的典型表现。孩子正处于探索自我、寻找社交定位的关键时期，此时的他们就像迷失在森林中的小鹿，急切地想要找到融入群体的路径，却又茫然无措。

2.“刺猬型”冲突制造者

“他们笑我就怼回去！”“我才不在乎呢！”这类孩子表面上满不在乎，用攻击性的言行武装自己，实则是在过度防御。初三男生小轩的案例令人深思：仅仅因为同学一句无心的玩笑，他就大打出手，甚至因此休学三个月。深入了解后发现，他内心极度害怕被否定，只能用攻击性的行为来掩盖自己的脆弱。这类孩子普遍存在以下特点：

自我中心思维：习惯从自己的角度看待问题，难以理解和体谅他人立场，缺乏换位思考的能力。

低挫折耐受力：将他人的玩笑或不同意见视为羞辱，情绪容易被点燃，一点就着。

社交工具匮乏：在面对冲突时，只知道用对抗的方式解决问题，不懂得沟通、协商等更有效的处理方法。

3. 焦虑型逃避者

还有一些孩子，在社交中如同惊弓之鸟：想加入人群时小心翼翼、踌躇不前，最终往往选择放弃。比如高一女生小雯，每次班级聚会她都想参加，却总是担心自己表现不好，在纠结中错过了报名时间。这类孩子通常具有“社交显微镜”特质：

过度解读微表情：将他人无意识的皱眉、撇嘴等表情，过度解读为厌恶或不满，放大负面信号。

灾难化想象：总是把事情往最糟糕的方向想，担心说错一句话就会被大家永久嘲笑，陷入恐惧无法自拔。

生理应激反应：一面对社交场景，就出现心跳加速、手抖、脸红等生理反应，严重影响正常表达。

值得注意的是，大脑的“社交处理器”（前额叶—杏仁核回路）直到 25 岁才发育成熟。这意味着青少年在社交中碰壁，并非他们

故意为之，而可能与生理发育尚未完善有关。理解这一点，我们就能以更包容、耐心的态度陪伴孩子成长。

二、社交能力拆解训练场

社交能力并非与生俱来，而是可以通过科学训练逐步培养。就像学习游泳需要掌握正确的动作要领，孩子的社交能力也能在系统训练中得到显著提升。下面就为大家介绍几个实用的训练方法，帮助孩子突破社交困境。

1. 情绪雷达校准术

情绪雷达校准术可以通过游戏化的方式，提升孩子对情绪的感知和解读能力。

表情解码挑战：选取经典影视片段，在角色表情变化的瞬间暂停画面，让孩子猜测角色当下的情绪。例如，观看《头脑特工队》，分析莱莉不同表情背后的情绪，提高对微表情的识别精准度。

语音温度计：播放各种场景下的语音信息，如朋友聊天、课堂发言等，让孩子仅凭声音判断对方的情绪状态，包括兴奋、疲惫、不满等。

情境模拟卡：制作一系列社交场景卡片，如“朋友弄丢你的书却撒谎”“小组作业时被队友指责”等，和孩子一起讨论在这些情境下该如何回应，锻炼情绪应对能力。

2. 对话要有抓手

家长可以通过三级沟通训练法，帮助孩子掌握不同场景下的沟通技巧。

（1）基础层：启动对话

用“具体赞美 + 开放提问”的方式开启话题。比如，看到同学新换的球鞋，可以说：“你这双球鞋的配色太酷了！我也想给弟弟买一双，能推荐一下吗？”这种方式既表达了真诚的关注，又给对方留下了充分的交流空间。

（2）进阶层：深度联结

运用“共情 + 自我暴露”，与对方建立更深层次的情感联结。例如，当同学分享比赛失误的经历时，可以回应：“你刚说比赛失误时，我特别能理解你的感受。我上次参加演讲比赛，忘词忘得一塌糊涂，当时恨不得找个地缝钻进去。后来我……”通过分享自己的类似经历，迅速拉近彼此距离。

（3）危机层：化解冲突

使用“事实陈述 + 感受表达 + 请求建议”的沟通公式。比如，当被同学当众开玩笑感到不舒服时，可以说：“我知道你可能不是故意的（事实），但被这样开玩笑，我心里真的很难受（感受），下次能不能不开这种玩笑（请求）？”这种表达方式聚焦问题解决，避免指责，更容易被对方接受。

3. 群体融入指南针

关键提醒：不必强求孩子当“人气王”，找到适合自己的舒适社交位更重要。就像森林里有高大的乔木，也有低矮的灌木，每个角色都有其独特价值。在一个群体中，主要有以下几类角色，孩子可以选择适合自己的角色，并努力提升。

群体融入角色分析表

角色	优势	提升方向
倾听者	善解人意，能耐心倾听他人想法	学会适时表达自己的观点和感受，增加自我展现机会
创意者	思维活跃，总能提出新鲜有趣的点子	增强规则意识，在发挥创意的同时，尊重团体的整体安排
组织者	具有较强的领导力和协调能力	学会适当放权，调动团队成员的积极性，共同完成任务

三、家长助攻锦囊

当孩子在社交中遇到困难，家长的支持和引导至关重要。但错误的干预方式可能适得其反，以下是正确的助攻策略，可以帮助孩子走出社交困境。

1. 当孩子被孤立时

错误反应：

“肯定是你有问题！”这种否定孩子感受的话语，会让孩子更加孤独无助。

“我找老师 / 家长理论！”过度介入孩子的社交，剥夺了他们独立解决问题的成长机会。

智慧应对：

情感急救：先给孩子一个温暖的拥抱，真诚地说：“宝贝，你一定很难受，妈妈特别心疼你。”让孩子感受到被理解和接纳。

事件复盘：等孩子情绪平复后，和孩子一起绘制“冲突树状图”，从事件的起因、发展过程、自己的应对方式，到最终结果，逐一分析，找出问题所在。

角色扮演：和孩子互换身份，重演社交场景，让孩子从对方的角度思考问题，理解他人的想法和感受。

2. 当孩子为施暴者

当孩子为施暴者时，可以采取下列干预步骤：

（1）剥离行为与人品

明确告诉孩子：“打人这种行为是不对的，但妈妈相信你本质是善良的，只是当时情绪失控了。”将错误行为与孩子的人品区分开来，避免孩子产生自我否定。

（2）追溯情绪根源

耐心询问孩子：“当时是什么让你这么愤怒？能和妈妈详细说说吗？”帮助孩子认识自己的情绪，找到问题根源。

（3）修复行动

引导孩子采取实际行动弥补错误。比如，建议孩子不仅要口头道歉，还要帮同学补好被撕毁的笔记，用实际行动表达诚意。

3. 社交焦虑缓解计划

（1）生理调节

呼吸法：练习“4—7—8 呼吸法”，即 4 秒吸气、7 秒屏息、8 秒呼气，每天坚持做 3 组，能有效平复紧张情绪，让身体放松下来。

震动法：为孩子准备震动手环，当感到焦虑时，紧握手环，通过物理刺激转移注意力，缓解焦虑感。

（2）认知重构

帮助孩子将灾难化的想法转化为更合理的认知。比如，引导孩子把“他们会笑话我”换为“可能只有一两人会分心，其他人还是会认真听我说话的”。

准备“社交急救包”，在孩子的口袋里放一张激励小卡片，上面写着“你很棒，做自己就好”“大胆表达，没人会嘲笑你”等话语，在关键时刻给予孩子心理支持。

四、社交边界守护法则

健康的人际关系建立在清晰的社交边界之上。就像种植花草需要保持合适的间距，朋友之间也需要相互尊重彼此的边界。以下方法可以帮助孩子识别健康友谊，建立自己的社交底线。

1. 友谊健康度检测

当友谊中出现以下五个危险信号时，孩子需要提高警惕。

能量消耗 > 获得：每次和朋友相处后，都感到身心疲惫，仿佛被抽干了精力，而不是收获快乐和满足。

需要伪装自己：在朋友面前不敢展现真实的自我，总是刻意迎合对方的喜好，隐藏自己的想法和感受。

独自承担秘密：被迫保守超过自己承受范围的秘密，这些秘密可能给自己带来巨大的心理压力。

被当情绪垃圾桶：总是单方面倾听朋友的负面情绪，却很少有机会分享自己的心情，长期处于情感输入状态。

总在单向妥协：在意见有分歧时，永远是自己让步，朋友从不考虑自己的需求和感受。

2. 建立反心理打压盾牌

教会孩子用坚定、清晰的语言表达自己的态度和边界：

“这个玩笑我不舒服，请停止。”直接表达自己的感受，让对方明确知道越界行为。

“我需要时间考虑。”避免在他人的催促下被迫做出决定，给自己留出思考空间。

“我的底线是________。”明确告知对方自己的原则和底线，让对方清楚什么是可以接受的，什么是不能触碰的。

案例训练：当朋友威胁“不帮作弊就绝交”时，可参考以下回应模板：“我特别珍惜我们的友谊（肯定），但作弊不仅违反校规，还会害了你（关切）。我们可以每天放学后一起复习，遇到不懂的题互相讨论，这样肯定能考出好成绩（替代方案）。”

心理学家阿德勒曾说：“真正的人际高手，不是从未跌倒的人，而是每次跌倒后，都能调整姿势重新奔跑的人。”在社交中，最酷的不是被所有人喜欢，而是敢于接纳真实的自己，尊重自己的感受。希望通过以上方法，孩子在青春期的社交道路上，既能勇敢前行，又能守护好自己的内心世界。

03 青春期沟通总吵架？如何搭建亲子对话桥梁

有没有发现孩子上了初中后，家里的“火药味”变浓了？前一秒还在好好说话，下一秒就因为一句“快写作业”爆发争吵。明明心里装满了爱，一开口却像自带“对立模式”。其实啊，青春期的亲子沟通就像跳探戈，你进我退间需要找准节奏。这一节咱们就聊聊，如何从“吵架对手”变成“心灵伙伴”。

一、为什么我们的爱会“变形”

“我家孩子以前挺乖的，怎么现在说两句就顶嘴？”这是家长群里最常听到的感叹。其实啊，不是孩子变了，而是我们没看懂他们的“成长密码”。当孩子从“小跟屁虫”变成“独立小大人”，沟通方式却还停留在“喂饭式教育”，矛盾自然就来了。

我们团队的一位妈妈，她的困惑就很典型：想和儿子聊学习，换来的却是沉默；想聊篮球，又怕“玩物丧志”。这种“想关心却怕说错话”的纠结，在亲子间筑起了无形的墙。而她家孩子却告诉我：“我考了 97 分，妈妈却只盯着扣掉的 3 分”“我妈偷看我手机，还说‘是为我好’”——其实，这些抱怨背后，藏着最朴素的渴望：“我”需要的不是教育，而是被理解。

有研究显示，亲子沟通质量直接影响孩子的心理健康：沟通差的孩子，抑郁风险比正常人群高42%，而高质量沟通的家庭，孩子抗挫折能力比正常人群强35%。这就像给植物浇水，浇在根上才能茁壮成长，说进心里才能真正有效。

二、解码青春期的“心理断乳期”

很多家长纳闷：“孩子怎么突然不听话了？”其实，12~15岁的青春期，正是孩子的“第二反抗期”，也叫“心理断乳期”。就像小鹰学飞，他们一边想挣脱父母的保护，一边又渴望确认“父母是否还爱我”。这时候，咱们得先放下“家长权威”，学会当“成长观察员”。

生理驱动：青春期孩子的大脑前额叶（负责理性决策）尚未发育成熟，而边缘系统（情绪中心）却异常活跃。这就是为什么他们容易冲动发火，事后又后悔。

心理诉求：“我不是小孩了！”是他们的内心宣言。曾有中学生在日记里写：“妈妈还像管小学生一样检查我的书包，难道她不知道我已经会自己整理了吗？”

典型表现：反对父母干涉隐私，反感被当“小孩”对待，情绪波动大。比如前一秒还兴高采烈，下一秒就因父母一句“多穿件衣服”摔门生气。

很多家长和青春期孩子存在沟通误区，家长用“我都是为你好”来回应孩子的反抗，却不知这在孩子听来是“你根本不懂我”。就像非要给仙人掌浇水一个道理，只会让它溃烂——孩子需要的不是“全方位保护”，而是“有边界的支持”。

三、先做“合格听众”，再当“智慧引导者”

想让孩子愿意开口，咱们得先学会“好好听”。但“听”不是简单的“耳朵接收”，而是用心理解。试试把自己当成孩子的“树洞”，先让情绪流动起来，再谈教育引导。

1. 倾听的三个层次

物理倾听：放下手机，眼神专注，身体微微前倾。曾有爸爸发现，自己边刷手机边听孩子说话时，孩子会突然提高音量：“爸爸，你能不能别看手机了！”

情感共鸣：用“嗯，我明白你的感受”“听起来你很生气”回应，而非急于评判。比如孩子说“今天和朋友吵架了”，别急着说“肯定是你不对”，而是问“你们因为什么吵的？你现在感觉怎么样”。

需求洞察：孩子抱怨“学习好无聊”时，背后可能是“我压力好大，需要放松”；说“不想上学”时，可能是“我在学校遇到了人际关系难题”。

2. 案例：聪明妈妈的“倾听法”

一位妈妈发现女儿放学回家后闷闷不乐，没有直接问“怎么了”，而是递上一块蛋糕，轻轻说：“妈妈小时候遇到不开心的事，就喜欢吃甜食，你试试会不会好点？”女儿咬了一口蛋糕，慢慢说出：“今天演讲比赛忘词了，好丢人。”妈妈回应：“换作是我，也会觉得尴尬。但你敢上台就已经很勇敢了，下次妈妈陪你在家练习，我给你当最忠诚的听众，然后咱们再战江湖。”

之前有看过一份北大调查报告，里面提到一组数据，52.2%的孩子最希望父母关心“情感感受”，但73.9%的家长只关注“学习”。这就像孩子想喝果汁，家长却一直递白开水，爱没错，但“型号”没有对上。

四、把“对抗”变成“对话”的五个技巧

学会了“听”，接下来就是“说”。青春期孩子吃软不吃硬，咱们在沟通时得把“命令句”换成“商量句”，把“批判式”变成“描述式”。试试这五个小技巧，让沟通如春风化雨。

1. 非暴力沟通：用“我信息”代替“你批判”

心理学依据：根据马歇尔·卢森堡博士的非暴力沟通理论，

以“我”为视角的表达，能减少对方防御心理，让沟通聚焦问题本身。

错误示范：“你又熬夜玩手机，根本不把学习当回事！”（直接指责，易引发孩子逆反心理）

正确步骤拆解：

描述客观行为：具体指出时间、频率等细节，例如“我注意到这周一、周三和周五，你都玩到晚上十一点多才放下手机”。

表达内心感受：避免夸大情绪，用“担忧”“焦虑”等中性词，如“我有些担心，睡眠不足会影响你第二天上课的专注力”。

提出协商需求：给予孩子选择空间，比如“我们一起制订个手机使用计划怎么样？晚上十点半前关机，或者完成作业后再玩半小时？”

进阶技巧：配合肢体语言，如轻拍孩子肩膀，让语气更柔和；沟通后记录孩子的反应，持续调整表达策略。

2. 当顾问，不当领导：把“必须”换成“建议”

底层逻辑：青春期孩子的自我意识已觉醒，渴望掌控生活主动权。提供建议而非命令，能满足其心理需求，提升配合度，这是沟通时的关键原则。

对比实验扩展：

“领导式”沟通：“明天必须穿秋裤，不然别出门！”（强制要求，孩子可能为证明自主性故意违抗）

“顾问式”沟通：

信息铺垫：“天气预报说今天降温 10 度，路上风也特别大。”

给出选项："妈妈建议你穿秋裤，要是担心热，也可以把薄款保暖裤放在书包里，觉得冷随时换上，你觉得哪种方案更好？"

应用场景补充：在选择兴趣班、安排周末活动时，同样适用。例如："暑假想给你报个课外班，编程能锻炼逻辑思维，书法可以培养专注力，你对哪个更感兴趣？"

3. 批评的艺术：对事不对人，错了就改是重点

科学依据：斯坦福大学卡罗尔·德韦克教授的成长型思维理论指出，聚焦行为改进的反馈，能帮助孩子建立"错误是成长机会"的认知。

禁忌语言示例："你怎么这么笨，这题都能错！"（将错误归咎于孩子能力，易打击自信心）

智慧表达优化：

具体指出问题："这道数学应用题你在计算步骤上出现了小失误。"

分析解决方向："我们一起看看，是不是因为忽略了单位换算？或者用画图的方式梳理已知条件，会不会更清晰？"

赋予成长期待："你上次解类似题目时思路特别清晰，这次调整方法肯定能很快掌握！"

配套行动：准备错题本，和孩子共同分析错误原因，将批评转化为学习机会。

4. 化解情绪：先处理心情，再处理事情

脑科学原理：当人处于情绪激动状态时，大脑杏仁核（情绪

反应区）活跃，理性思考的前额叶功能受限。先共情能让情绪平复，恢复理性沟通。

情景模拟：

孩子情绪爆发：“老师不公平，把我的奖给了别人！”

共情四步法：

认可感受：“换作是我，也会特别委屈。”

表达支持：“愿意的话，把委屈都和妈妈说说，我听着呢。”

引导倾诉：“能和我讲讲评选的具体过程吗？”

启发思考：“如果下次遇到类似情况，你希望妈妈怎么和老师沟通？我们一起想想办法。”

注意事项：避免在孩子情绪激烈时急于给出解决方案，先重复孩子话语中的关键词，确认理解到位。

5. 制造共同话题：从孩子的世界切入

社交心理学应用：根据“相似性吸引”原则，寻找共同话题能快速拉近心理距离，建立信任基础。

兴趣拓展策略：

流行文化切入：若孩子喜欢短视频，可分享：“我刷到一个科普博主用动画讲物理知识的视频，特别有意思，你看和你们平时看的内容像吗？”

深度提问技巧：以篮球为例，进阶提问：“你觉得库里除了三分球，还有哪些值得学习的比赛策略？这些策略能不能用在小组合作学习中？”

实践延伸：根据孩子兴趣安排活动，如喜欢音乐就一起去听小型音乐会，回来后交流感受，持续深化话题。

五、沟通避雷：这些“坑”会把孩子越推越远

有些沟通方式，咱们习以为常，却在不知不觉中伤害了孩子。这几个“雷区”，能避一定要避。

1. 避免“超限效应”：话不在多，而在精

一件事重复三遍以上，孩子就会“自动屏蔽”。比如“快写作业”说一次是提醒，说十次就是折磨。不如换成：“我们约定每天六点开始写作业，完成后可以玩半小时篮球，这个计划你觉得可行吗？”

2. 别当“差评师”：肯定努力比否定结果更重要

孩子考了80分，与其说“别人都考90分，你怎么这么差”，不如说“我看到你这星期每天都复习到九点，这个努力值得肯定。我们一起分析错题，下次一定能进步”。前者让孩子自卑，后者让孩子有动力。

3. 尊重隐私：偷看不如“被需要”

曾有妈妈发现女儿写“暗恋日记”，没有偷看，而是在床头放了本《青春期心理指南》，附上纸条：“妈妈青春期时也喜欢过隔壁班男生，这很正常。如果想聊，随时可以找我。”后来女儿主动和她分享了心事。信任，比“监控”更有力量。

4. 夫妻统一战线：别让孩子做“夹心饼”

“你爸就会玩手机，从不关心你”“你妈太唠叨，别听她的”——这类话会让孩子陷入“选边站”的痛苦。夫妻有分歧，关起门来沟通，别让孩子成为“情绪炮灰”。

沟通从来不是“赢了孩子”，而是“赢得孩子”。沟通的本质，是看见与被看见，青春期的孩子就像正在蜕变的蝴蝶，一边挣扎着摆脱旧壳，一边害怕失去温暖的保护。作为父母，我们的任务不是阻止蜕变，而是成为“安全的树洞”——当孩子想倾诉时，我们在；当孩子需要引导时，我们在；当孩子要高飞时，我们依然在。

04 面对青春期早恋，家长该怎么办

青春期的孩子如破土的春苗，在荷尔蒙的滋养下，对异性的好奇自然而然地发生。当家长发现孩子书包里夹着情书，或是频繁提起某个异性名字时，往往陷入焦虑：是棒打鸳鸯，还是放任自流？这一节我将从心理学与家庭教育双维度出发，解析早恋背后的成长密码，为家长提供理性、温暖的引导策略。

一、透视早恋：现象背后的心理动因

家长们聚在一起聊孩子，最常听到的感叹就是："现在的孩子怎么这么早就谈恋爱了？"其实，当我们看到孩子偷偷传纸条、课间总往某个人身边凑时，先别急着扣上"早恋"的帽子。咱们得先蹲下来，从孩子的视角看看，到底是什么在驱动这些看似"早熟"的行为。毕竟，连咱们自己青春期时，也会对某个背影心跳加速，不是吗？

1. 生理早熟：提前启动的情感开关

现代社会的饮食结构改变，反季蔬果、激素类食品加速了青少年的生理发育。研究显示，近 20 年青少年平均初潮年龄提前 2.3

岁，男生变声期提前 1.8 岁。生理早熟引发性意识觉醒，促使孩子对异性产生好奇。如同春日萌发的嫩芽，这种萌动是自然规律，而非道德问题。

2. 心理需求：缺爱的心灵寻慰藉

孤独感填补：独生子女缺乏兄弟姐妹陪伴，单亲家庭孩子缺失父爱或母爱，易将情感寄托于同龄异性。曾有心理咨询案例显示，72% 的早恋初中生表示“和他（她）在一起时，不再觉得孤单”。

价值感确认：成绩平平的孩子可能因异性的欣赏，首次体验到“被需要”的价值。如班级中不起眼的男生，可能因擅长篮球被女生崇拜，从而陷入早恋。

3. 环境影响：被污染的情感认知

影视作品中频繁出现的亲密镜头、社交媒体上的“CP 文化”，甚至成人世界的婚姻焦虑，共同构建了青少年的情感认知框架。某中学调查发现，63% 的学生认为“早恋是浪漫的事”，其认知多源于网络小说与偶像剧。

二、辩证看待：早恋的双面性

对于早恋，很多家长第一反应就是“洪水猛兽”。但换个角度想，如果你种了一棵树，到了春天不会发芽，你会不会更烦恼？哪个少年没有过朦胧的好感？咱们得先弄清楚：早恋到底是“毒草”还是“杂草”？说不定，正确引导下还能变成“护苗的篱笆”呢。

1. 危害警示：未成熟果实的苦涩

身心伤害：青春期大脑前额叶尚未发育成熟，情绪管理能力弱。某医院数据显示，15~18 岁少女流产率较十年前上升 37%，伴随抑郁倾向的比例达 41%。

学业冲击：神经科学研究表明，早恋青少年的海马体（记忆中枢）活跃度下降 23%，导致注意力分散。某市重点中学跟踪发现，早恋学生成绩下滑概率达 82%。

社交危机：早恋引发的争风吃醋可能导致校园暴力。2023 年某省统计显示，中学生群体斗殴事件中，34% 与早恋相关。

2. 积极意义：情感教育的预演

社交能力培养：健康的异性交往可提升沟通能力。研究显示，能妥善处理青春期情感的孩子，成年后婚姻满意度高出 31%。

自我认知深化：孩子在情感互动中学会观察、理解他人需求，如为喜欢的人默默提升成绩，这种“向上的动力”值得保护。

性别角色认知：通过与异性相处，孩子能更清晰认知性别差异，如男生学会责任担当，女生懂得自我边界。

三、精准识别：早恋的类型与高危信号

1. 八大早恋类型解析

八大早恋类型解析表

类　型	核心特征	典型表现
仪表爱慕型	始于外貌吸引，易随审美变化而结束	频繁更换“暗恋对象”

续上表

类　型	核心特征	典型表现
专长崇拜型	因某项技能（如绘画、运动）产生倾慕	主动请教问题，收集对方作品
好奇探索型	对异性身体与情感的好奇	借阅生理书籍，关注恋爱话题
从众模仿型	因同龄人恋爱而跟风	朋友圈晒“情侣照”，参与恋爱游戏
补偿满足型	用恋爱弥补家庭或学业挫折带来的自卑	成绩骤降后突然恋爱
逆反对抗型	因家长反对而刻意维持恋爱关系	父母越反对，关系越紧密
病理倾向型	因激素紊乱或心理疾病导致的过度迷恋	跟踪骚扰异性，出现性幻想失控
愉悦陪伴型	因长期同桌或社团合作产生依赖	共享文具、秘密，约定考上同一高中

2. 六大高危信号识别

行为异常：突然注重穿搭、携带香水，或频繁以“补课”名义外出。

情绪波动：因对方一句话狂喜或痛哭，成绩起伏超过 20 分。

隐私保护：手机设密码、删除聊天记录，拒绝父母触碰书包。

社交变化：疏远同性朋友，社交圈缩小至仅与某异性互动。

消费异常：节省零花钱购买礼物，或向父母索要额外开销。

生理信号：女生突然服用避孕药、男生出现失眠脱发等压力反应。

四、智慧应对：三步法与四大策略

发现孩子早恋，家长心里急得团团转："说轻了不听，说重了逆反，到底怎么开口？"别急，放风筝，线太紧会断，太松会飞，松紧有度才能成功。

1. 处理早恋的黄金三步法

第一步：精准诊断，避免误判

区分友情与爱情：可以通过观察相处模式来判断——友情是开放的、群体的，爱情是排他的、私密的。如两人常与其他同学结伴活动，多为正常交往；若单独约会超过三次，则需警惕。

评估影响程度：制作"早恋影响清单"，记录孩子在学业、睡眠、社交方面的变化。若某维度下降超 30%，则需介入引导。

第二步：柔性沟通，建立信任

共情式开场："妈妈像你这么大时，也会偷偷喜欢班里的男生，这说明你情感丰富，是正常的。"

未来导向提问："你觉得现在谈恋爱，会对三年后的中考产生什么影响？"

故事隐喻法：分享《小王子》中"玫瑰与驯服"的故事，探讨"真正的爱是责任，而非一时冲动"。

第三步：多元引导，疏堵结合

家庭情感补给：每日设置"亲子聊天时间"，父亲多与女儿探讨"如何分辨真诚的喜欢"，母亲多与儿子交流"男性的责任"。

兴趣转移计划：根据孩子特长，鼓励参加竞赛、社团或体育训练，如喜欢绘画的女孩可加入美术集训营，用目标感替代情感依赖。

性教育补课：用《青春期身体的秘密》等绘本，配合案例讲解过早性行为的风险，重点强调“保护自己与尊重他人”。

2. 四大经典处理策略

（1）欲擒故纵：用智慧化解懵懂

案例：初三女生小雨频繁与班长互动，成绩下滑。母亲未直接干预，反而邀请班长来家吃饭，席间有意无意强调“班长计划考取省重点高中，小雨的目标呢”。此后，两人约定“中考后再讨论未来”，女儿迅速进入学习状态。

心理学原理：超限效应——过度禁止会强化渴望，适度接纳反而可以削弱神秘感。

（2）敲山震虎：用故事传递警示

先以真实案例为蓝本，改编成匿名故事。比如化名小雨的学生，高中时与同学相恋，课堂上偷偷传纸条，放学后频繁约会，原本稳居年级前十的他一落千丈，高考时与理想大学失之交臂。两人虽然约定大学在同一城市，却在异地恋中因矛盾频发，最终黯然分手。这样的故事，能让孩子从他人经历中，清晰感知早恋潜在的风险。接着，在家庭观影时选择《怦然心动》这类聚焦青春期情感的电影，观影后自然开启“早恋的美好与代价”的讨论，和孩子分享电影中纯真的情感，也剖析角色因情感产生的迷茫，顺势抛出问题“如果是你，会如何处理青春期的情感”，引导孩子深入思考。

（3）科学指导：用成长目标替代情感寄托

当孩子分享对他人的好感时，家长可温和引导：“宝贝，你喜欢他/她，一定是发现了他（她）身上特别的闪光点吧？是优异的成绩，还是开朗的性格呢？如果想让对方看到更优秀的你，我们一起想想，现在可以做些什么努力？”若孩子因对方数学出色而心动，鼓励其参加数学奥赛，以“共同攀登数学高峰”为目标；要是倾慕对方动听的歌声，支持孩子报名声乐班，用专业能力吸引对方，将青春期的萌动转化为成长的动力。

（4）边界设定：用规则守护成长

制定清晰的家庭契约，为孩子的交往行为划定边界。在交往范围上，明确规定在学校、公园等公开场合，避免进入封闭空间；时间限制方面，周一至周五放学后，交往时长不超过1小时；行为红线上，严禁肢体亲密接触，禁止讨论性话题；责任约定为若因恋爱导致成绩下滑（如排名下降10名），需暂停交往一段时间。通过这些规则，既给予孩子适度自由，又保障其健康成长。

五、敲重点：家长禁忌的五种错误处理方式

1. 粗暴干预型

有些家长通过偷看手机、辱骂孩子的异性朋友，甚至找老师

在班级公开批评等方式处理孩子早恋，这种行为极易触发孩子的逆反心理。这样做多数孩子会选择与父母冷战，少数情绪激烈的孩子还可能离家出走。

2. 放任自流型

秉持“反正管不了，随他（她）去吧”的态度，对孩子早恋不闻不问。缺乏正确引导的孩子，发生性行为的概率远高于有家长合理干预的孩子，存在较大安全隐患。

3. 道德批判型

当发现孩子早恋，家长说出“小小年纪不学好，丢死人了”这类话语，会让孩子产生强烈的罪恶感，长期可能导致自我否定，甚至引发抑郁。

4. 过度焦虑型

家长因孩子早恋，每天坚持接送上下学，还要求孩子时刻汇报行踪，这种行为严重破坏亲子信任，孩子可能为了摆脱束缚学着撒谎，或因压力将负面情绪发泄到恋人身上。

5. 情感绑架型

用“你再这样，妈妈就不管你了”类似话语迫使孩子在亲情与爱情间做选择，会对孩子造成严重的心理伤害，容易使其形成焦虑型依恋人格。

六、特别关注：不同性别孩子的引导重点

家有女儿：着重培养自爱与边界感。借助医学模型为女儿讲

解生殖系统知识，明确传递“性行为不是表达爱的方式”；带女儿拜访优秀单身女性，如女科学家、企业家，让女儿从榜样身上领悟“独立女性更值得尊重”的价值观。

家有儿子：强化责任与担当意识。父亲通过日常生活中的具体行动，如照顾生病的母亲，让儿子观察男性如何承担家庭责任；向儿子抛出“如果女友怀孕，你能承担哪些后果”等问题，引导其思考背后的经济、法律责任；讲述“巴菲特年轻时为学业放弃早恋”的故事，激发儿子“强者延迟满足”的意识，树立正确的成长观念。

最后一点，告知孩子：“无论发生什么，爸爸妈妈都是你最安全的港湾。”要让孩子知道，受到伤害，做错事了，家永远是包容和治愈的地方。当孩子愿意分享情感困惑时，及时给予建设性意见，而非批判。

青春期的早恋如同春日的薄雾，看似遮挡前路，实则是滋润心灵的水汽。家长的角色不是强行驱散雾气，陪孩子度过这个时段，静待阳光普照，孩子自然就可以看清更辽阔的远方。用理解替代焦虑，用引导替代控制，那些看似“危险”的萌动，终将成为孩子学习爱与被爱、责任与成长的珍贵历程。

笔记栏

第十课

个人价值的塑造与提升

01 培养孩子受用一生的财富思维

名校毕业生月月透支信用卡，而高中文凭的创业夫妻靠小本生意攒下两套房——这种现实反差撕开了教育体系的隐秘缺口：我们被教会解方程，却没人系统教过如何与金钱相处。当孩子拿着零花钱乱买玩具、对价格毫无概念时，其实是在发出求救信号：他需要建立贯穿一生的财富思维。这种思维不是教孩子投机取巧，而是教会他们理解价值创造、资源分配与风险控制的底层逻辑，理解了它就如同为人生装上抵御风浪的稳定器。

一、被忽视的认知鸿沟：财富思维为何比成绩更重要

1. 传统教育的“金钱盲区”与现实暴击

学校教咱们解方程、背单词，却从没开过“怎么让钱生钱”的课；爸妈总说“省着点花”，却很少讲“钱放在哪儿能变多”。

举个身边的例子：我表妹名校毕业进了大公司，月薪一万多，可三年没攒下一分钱，上个月还跟我借两千块交房租。她委屈地说：“上学时谁教过我怎么理财啊？发了工资就想着买包买鞋，月底自然没钱了。”可老家那个没考上大学的发小，在县城开了

家小超市，现在都买两套房了——他不懂函数公式，却知道“进价和卖价的差价就是利润”，知道“攒够钱要去扩大店面”。

这就是现实给我们的暴击：寒窗苦读十几年，却可能连怎么管钱都不懂。就像开着一辆没导航的车，油门踩得再猛，也可能跑偏方向。那些从小没接触过“财富思维”的孩子，长大后往往一边拼命赚钱，一边又守不住钱，掉进“赚得多花得更多”的怪圈里。

2. 财富思维帮孩子掌握三个过日子的真本事

俩孩子起跑线差不多，可从小懂点理财的那个孩子，长大后更能自己拿主意。这不是教孩子怎么赚大钱，而是帮他们练会三个过日子的真本事，就像学走路得先站稳，管钱也要先懂这三个道理：

（1）买东西别瞎跟风：分清“必需”和“想要”

作业本用完了必须买，这是“必需”；同学有个新玩具自己就非要买，这是“想要”。好多孩子看见网红玩具走不动道，就是没分清它俩的区别。

邻居王姐家儿子以前总吵着买限量卡片，王姐就问他：“你每月 100 元零花钱，买卡片花 50 元，那买漫画书的钱就没了，你选哪个？”后来孩子自己琢磨：“卡片玩两天就腻了，漫画书能看好几遍。”慢慢就知道挑着买了。

小时候乱买东西的孩子，长大后容易工资一到账就花光，看见打折就囤一堆没用的；而懂区分的孩子，买大件前会想“这东西能用三年吗”，买房买车时更理性。

（2）钱和时间都得会安排：别让零花钱“睡大觉”

有个聪明妈妈教孩子把钱分别装在三个罐子里，50% 买文具等日用品，30% 存起来（以后买自行车），20% 用来学本事（比如报编程培训班）。她儿子小学用这 20% 的钱学了机器人课程，初中就靠机器人比赛奖金交了夏令营的钱。

这其中的核心道理是钱放着不动就是纸，时间浪费了回不来。小时候懂得把零花钱和时间花在有用的地方，长大后才知道怎么让自己越来越值钱。

（3）别想天上掉馅饼：高收益的事多半藏着坑

好多年轻人工作后跟风买理财，啥都不懂就投钱，最后亏钱。但有风险防控意识的孩子，长大后看见“高收益低风险”的广告，第一反应就是“这里面肯定有猫腻”，不容易上当。

关键提醒：告诉孩子，就像气球可能漏气，任何能赚大钱的事都可能赔钱，先想清楚“如果亏了我能不能接受”，再决定做不做。财富思维不是教孩子当小财迷，而是让他们从小明白：钱是实现愿望的工具，但得会用；知道怎么分配钱和时间，才能不被生活推着走。

二、财富思维缺失会从童年到成年产生连锁反应

1. 童年：乱花钱背后的“匮乏感”陷阱

很多家长抱怨孩子“看见玩具就走不动”，却没意识到：缺

乏财富教育的孩子，容易用“占有物品”填补内心的匮乏。心理学中的“狄德罗效应”指出：孩子越缺乏对金钱的掌控感，越容易通过买东西获得虚假的满足。父母从小对他说“家里没钱”，自己花钱却大手大脚，这种矛盾的金钱观让孩子产生恐慌，只能通过“拥有物质”确认安全感。

例如，某心理咨询案例中，12 岁男孩囤积数百个盲盒，根源竟是目睹母亲偷偷变卖首饰偿还信用卡，孩子将“物质占有”等同于“安全感”的畸形认知，正是匮乏感的典型表现。

2. 青春期：消费主义侵蚀下的“伪精致”危机

许多青春期孩子“借钱也要买潮牌”，甚至为网红产品透支零花钱。这种现象的根源，是财富思维缺失导致的认知偏差——把“物质标签”等同于“自我价值”。一个学员家长的女儿，初一时为买限量版盲盒，偷偷拿了家里的钱。妈妈没有打骂，而是让她计算“每个盲盒需要多少小时的家务劳动兑换”。孩子算完哭了：“买一个盲盒需要洗一周碗，买限量版要洗一个月碗。”后来她自建“愿望清单”，通过劳动赚取收入后再按需购买。这个案例中，孩子从“盲目消费”到“价值兑换”的转变，印证了财富思维缺失会让青春期孩子陷入“伪精致”陷阱，而正确的引导能帮助他们建立“劳动 = 价值”的底层认知。

3. 成年：财务失控引发的人生连锁危机

缺乏财富思维的成年人，更容易陷入两种困境：

债务陷阱：用卡透支、网贷缠身。

选择焦虑：为了高薪做不喜欢的工作，不敢辞职追求梦想。

我有一个高中同学，他的经历令人唏嘘：名校毕业进了大型互联网企业，月薪 3 万元却不懂理财，上班三年买宝马，2019 年高杠杆买高档小区，结果碰到裁员，瞬间陷入债务危机。苦熬、苦撑了两三年，房子也赔钱出手了，直到今年事业转型才稍微稳定，我们聚会时他就感慨："如果小时候有人教我储蓄才是生存底线，我不会搞得这么惨。"

三、财富思维培养在孩子成长中的重要价值

1. 培养"经济脑"：提升逻辑与决策能力

财商教育本质是逻辑训练：计算零花钱分配、对比商品性价比、规划消费优先级，这些都在潜移默化中锻炼孩子的数学思维和决策能力。

2. 建立"成长型财富观"：比存钱更重要的是投资自己

真正的财富思维不是教孩子省钱，而是懂得"投资优先级"。我认识的一位爸爸，让女儿从小就明白："钱可以花在三处——必要的生活、热爱的事物、成长的机会。"现在女儿大学毕业，每年都把收入的 30% 用于学习新技能，28 岁就成为系统内最年轻的管理者。

这种思维的核心是：钱是工具，不是目的。就像巴菲特说的："最好的投资永远是你自己。"当孩子从小懂得为知识、技能投资，未来自然拥有更多选择权。

3. 塑造责任与担当：财富教育是最好的责任感培养

让孩子管理零花钱，本质是让他体验“责任”：如果乱花，就没钱买想要的书；如果储蓄，就能实现更大的目标。这种体验比说教更有效。朋友让儿子周末负责买菜，孩子为了省钱货比三家，还学会了看食材新鲜度，现在不仅理财能力强，做家务也更主动了。乱花钱的孩子更易陷入“即时享乐”模式。延迟满足能力是成功人生的底层算法。

心理学中的“南风效应”藏着一个超有意思的寓言故事：北风和南风闲着没事打赌，看谁能让路上的行人主动脱掉外套。

北风先上场，铆足了劲呼呼猛吹，冻得行人瑟瑟发抖，结果大家把外套裹得像粽子一样紧；南风则慢悠悠地吹起暖风，像给大地盖了层棉被，行人走着走着浑身冒汗，自己就把外套脱下来搭在手臂上啦！

这个故事像极了家长管孩子花钱的两种方式：

当你像北风一样吼“不许买！再乱花钱就没收零花钱”，孩子反而偷偷藏私房钱，或者瞅准你不在家时赶紧买；

但要是学南风“送温暖”，比如让孩子当家庭“财务小管家”，自己决定买玩具还是存起来，他反而会像模像样地算算账：“买这个乐高要花掉两周零花钱，不如先攒着以后买个更酷的！”

这就像你想让小朋友乖乖吃饭，硬塞一勺不如说“今天你当美食评委，看看哪个菜最值得吃”；想让孩子学会存钱，喊一百遍“要节约”，不如给个小账本让他自己记“买自行车还差320元”。

当孩子觉得“管钱是我的事”，就会像被南风暖到的行人一样，自己主动解开“乱花钱”的外套啦！

你是否想过：为什么有些人能白手起家，而有些即使继承家业也会败光？关键在于是否拥有财富思维。

财富思维的培养，不是让孩子成为小财迷，而是教会他与金钱和谐相处的智慧。当孩子懂得“钱是服务于生活的工具”，就不会被消费主义绑架，也不会忽视财富的力量。毕竟真正的安全感，从来不是银行账户上的数字，而是“持续创造价值”的能力。

在下一节中，我将分别从小学、初中、高中、大学，以及大学毕业后，给家长提供孩子财商培养的方法和指引，希望能帮助到更多的孩子走近财富，掌控自己的人生。

02 分阶段培养财富思维，规划优质人生成长路线

长大后从容掌控财富的人，往往在童年就埋下了财商的种子。就像种树需要遵循季节规律，孩子的财富思维培养也有黄金阶段，在小学播下认知的种子，初中浇灌实践的雨水，高中修剪目标的枝丫，大学等待开花结果。这四个阶段环环相扣，构成了孩子财富思维成长的完整图谱。

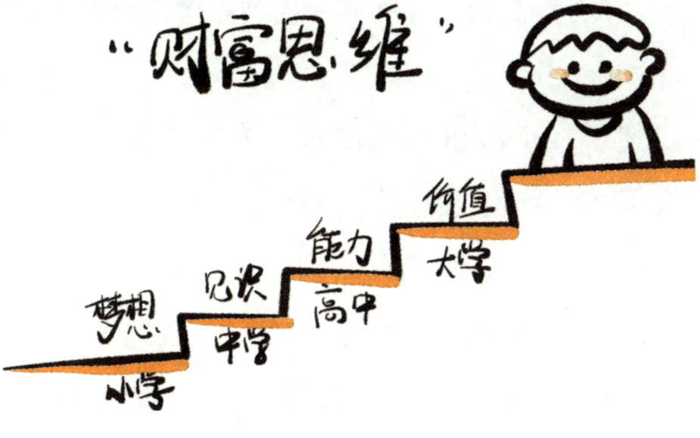

一、小学：在梦想与零钱间搭建财富认知

当孩子趴在地板上搭积木时，你是否想过，这些五颜六色的方块里藏着未来的财富密码？小学阶段是孩子价值观形成的萌芽

期，家长可以通过对话帮他们建立财富与人生的连接。比如睡前10分钟，不妨问问孩子："如果你长大后想当宇航员，你觉得需要哪些准备？飞船零件需要钱购买，这些钱从哪里来呢？"还可以和孩子一起画"梦想存钱罐"，贴上想买的玩具、想去的地方、想从事的职业，让抽象的财富目标变得具体。

朋友家6岁的女儿曾说"想给流浪猫建房子"，妈妈趁机引导："建房子需要买材料，你可以通过整理旧玩具摆摊赚钱，每卖一件就离梦想近一步。"3个月后，孩子用赚来的80元买了猫粮，第一次体会到"目标—行动—收获"的逻辑。这种将梦想与财富挂钩的方式，比单纯说教更有力量。

在零花钱管理这一方面，家长们不妨借鉴《小狗钱钱》里的"三分法"。《小狗钱钱》这本书中提到一个十分形象的比喻——"养鹅"。

书中讲述了一个故事，从前有个农夫，养了一只鹅，这只鹅每天都会下一个普通的鹅蛋。突然有一天，农夫惊喜地发现，鹅下出了金蛋，此后每天都有一颗金蛋。农夫靠着这些金蛋变得富有，可他的欲望也愈发膨胀，嫌鹅下蛋速度太慢，一气之下将鹅杀死，结果再也无法得到金蛋。这里的鹅就代表着本金，金蛋则是利息或投资收益。若想长期收获金蛋，就得悉心养好"鹅"。

基于这个理念，我们可以准备三个罐子，分别标注上"消费""储蓄""分享"。按照"三分法"，将孩子零花钱的50%放入"消费罐”，用于日常的小额购买，比如购买文具、零食等；30% 存到“储蓄罐”，就如同养一只会长大的鹅，随着时间的推移和储蓄金额的增多，这只“鹅”会变得愈发强壮，未来能生出更多“金蛋”，帮助孩子实现诸如购买昂贵书籍、心仪电子产品等大目标；剩下 20% 放进“分享罐”，用于帮助他人，如遇到街头卖艺的人时，孩子可以用这里面的钱给予支持，或是捐赠给慈善机构。让孩子自主管理这三个罐子，一次次往罐子里放钱、从罐子里取钱可以潜移默化地培养他们的消费判断力，让他们学会合理规划零花钱；同时也能培养他们的延迟满足能力，让他们明白为了实现更大的目标，需要暂时克制眼前的消费欲望。

富教育涵盖的范畴远不止教孩子如何赚钱，更为关键的是要让他们透彻理解财富的本质。当家长带着孩子摆地摊卖旧玩具时，便是一个绝佳的讲解商业逻辑的时机。比如，孩子用 10 元成本购入了 20 个气球，每个气球以 2 元的价格卖出。在售卖的过程中，孩子会直观地发现，卖出的气球数量越多，赚取的利润也就越高。与此同时，孩子也会遭遇一些状况，像气球可能会漏气，一旦漏气，这部分气球就无法正常售卖，也就意味着投入的成本可能无法收回，这就是做生意过程中会面临的风险。这样真实且充满趣味的实践，比单纯的理论知识要生动形象得多，它能让孩子在轻松愉快的玩耍氛围中，深刻理解“成本—定价—利润”这些基础的商业逻辑，从而在幼小的心灵中种下财富思维的种子。

二、初中：走出家门，让世界成为财商课堂

当孩子步入初中，青春期的好奇心如同破土的嫩芽，正需要更广阔的天地去舒展。这个阶段的财商培养，早已超越了“存钱罐”的初级阶段，而是要让孩子在真实的社会场景中，理解财富运行的底层逻辑。旅行、商业观察、生活实践，都是最好的教育载体。而一场精心设计的短途旅行，正是将这些载体融为一体的绝佳契机——家长不妨把决策权交给孩子，让他们在规划行程的过程中，完成一次沉浸式的财商实战演练。

在72小时短途旅行中，家长可以赋予孩子“家庭财务总监”的角色，给予3000元预算，让孩子全盘规划交通、住宿与游玩体验，在真实场景中学习资金分配与决策。

交通规划上，孩子需要权衡性价比与舒适度：例如高铁往返票，去程二等座180元/人，返程一等座240元/人，差价60元/人是否值得？若同行4人，仅交通一项就可能产生240元差额。孩子需要结合旅程疲惫程度、时间安排及剩余预算综合判断。

住宿选择时，民宿含早餐每晚400元，而酒店虽标价350元/晚，但需额外支出30元/人购买外卖早餐，以2人入住3晚计算，民宿总费用1200元，酒店加早餐则需1230元，细微的价格差异背后藏着精打细算的智慧。

体验项目的抉择同样考验孩子的规划能力：120元/人的付费景点与免费但需提前预约的博物馆，如何平衡预算与时间？是将

资金集中在少数高品质体验，还是分散探索更多免费资源？

一名初二学生在规划杭州之旅时，通过细致调研，发现景区周边农家乐推出“住宿＋晚餐＋门票”套餐，仅需 580 元（适用于 2 人），相比单独预订住宿、餐饮与门票，直接节省 150 元。省下的资金被他灵活投入手作工坊体验中，既控制了成本，又丰富了旅行价值，实现了“成本优化”与“体验增值”双赢，生动诠释了财务规划的实际意义。

三、高中：职场启蒙，在实习中锚定财富坐标

当孩子迈入高中，面对升学压力与未来职业的双重命题，许多家长陷入“唯成绩论”的误区，却忽视了实习对职业规划的深远价值。研究数据显示，70% 的实习生在毕业后直接获得了录用机会，而高中阶段的实习经历，更能使学生的职业目标清晰度提升 65%。这意味着，一次优质的实习不仅是体验职场的窗口，更是帮助孩子校准人生方向、积累核心竞争力的关键契机。家长不妨告诉孩子：“实习不是浪费时间，而是提前触摸未来的钥匙——它能让你在真正踏入社会前看清自己的热爱与潜能。”

高中实习不要只盯着能赚多少钱，关键要让孩子学会和人打交道、解决实际问题。可以让孩子每天随身带个小本子，把实习里遇到的麻烦事儿记下来。比如帮忙整理市场数据时，发现表格又乱又错，最后怎么在同事帮助下把数据整理好的；再比如小组讨论时，大家是如何思考的，怎么把大家的意见凑到一块儿。

家长每周可以和孩子聊一聊实习的事儿，问问孩子："这周干活儿的时候，哪件事最让你头疼？当时你是怎么处理的？要是再来一次，能不能做得更好？"就像唠家常一样，帮孩子把这些零散的经验串起来，以后遇到类似的问题，孩子就知道怎么解决了。

给孩子找实习工作时，别只满足于让他们跑跑腿、做杂活，得争取让孩子真正参与到关键工作里。比如找岗位时，优先选能让孩子参与项目策划、分析数据、和客户打交道的机会。之前有个高中生，在互联网公司实习时，主动跟主管说想帮忙写用户调研报告。他自己设计问卷、分析数据，还提出优化 App 夜间模式的点子，最后这个建议被公司采纳，放进了产品更新计划里，这样的实习才真的有收获。

想让孩子实习学到更多，可以提前帮他们准备些有价值的问题，比如问问公司前辈："这个行业以后会有哪些大变化""像我这样的新人，该重点学哪些技能"等。多问这些问题，既能让孩子显得积极主动，还能快速了解这个行业到底是怎么回事。实习结束后，家长可以提醒孩子，和认识的前辈保持联系，日后有问题还可以继续请教。

为确保高中实习发挥最大价值，家长与孩子还需警惕三大关键要点：其一，规避"挂名式"实习陷阱，拒绝仅以盖章证明为目的、缺乏实际工作内容的岗位，优先选择能参与项目策划、数据处理等核心业务的机会，让孩子在真实场景中积累经验；其二，合理平衡实习与学业，建议利用寒暑假或周末开展短期实习，采用“任务拆解法”科学分配时间，例如每日安排 1 小时完成实习任务、3 小时专注学业，避免因过度投入实习影响成绩；其三，注重实习成果沉淀，引导孩子将实习报告、项目作品、导师推荐信等资料整理成电子档案，系统记录成长轨迹，为未来高校申请中的实践经历加分，也为毕业后的求职简历积累亮眼素材。

高中阶段的实习，本质上是一场“低成本试错”的探索之旅。当孩子在实验室调试仪器时理解科研精神，在项目讨论中感受团队协作的力量，在与职场人的对话中明晰行业真相，他们收获的不仅是对某个职业的认知，更是对自身优势与不足的清晰判断。这种认知，将成为他们选择大学专业、规划职业路径的重要依据，而这，正是实习赋予高中生最珍贵的财富。

四、大学：增值突围，让自己成为“优质资产”

大学是人生性价比最高的“增值期”，家长可以引导孩子把时间当作“原始资本”，学会高效配置。在证书与技能的选择上，引导孩子分析投入产出，比如考教师资格证需要 200 小时，未来从事教育行业的概率有多大？投入产出比是否合理？鼓励跨专业学习，通过 MOOC 平台学习“商业分析”“投资理财”等课程，打造“T 型能力结构”。

大学实习应聚焦“职业赛道筛选”，根据高中实习经验，帮孩子锁定 2~3 个目标行业，申请核心岗位实习。同时，介绍行业前辈给孩子认识，叮嘱他们提前准备专业问题，珍惜每一次交流机会。要求孩子撰写实习报告，记录“参与的项目、解决的问题、学到的方法论”，形成个人职场简历的雏形。

社交方面，鼓励孩子打造个人标签，比如擅长数据分析的学生可以在校园论坛分享经验，吸引同频的人。加入创业团队时，寻找“技术型 + 营销型 + 管理型”的互补组合，理解“团队协作创造财富”的底层逻辑。

在理财方面，大学生面临过度消费与盲目投资的挑战。家长可以指导孩子使用记账 App，设置“娱乐消费不超过收入 30%”的红线，同时给孩子 5000 元“试错基金”，允许投资低风险产品，要求定期汇报“投资逻辑与心得”。提醒孩子警惕“伪努力”陷阱，与其“打卡式考证”，不如参与实际项目，在实战中提升解决问题的能力。

从小学的“梦想存钱罐”到大学的“个人增值计划”，每个阶段的财商培养都是在回答同一个问题：“如何让自己成为稀缺资源”。这不是教孩子追逐金钱，而是帮他们建立“目标规划—实践验证—迭代升级”的思维闭环。

家长可以在不同阶段采取具体行动：小学阶段和孩子玩一次“摆摊卖旧物”，记录利润与心情变化；初中阶段让孩子管理部分旅行预算，观察分配策略；高中阶段帮孩子联系职业体验日，鼓励提出专业问题；大学阶段送孩子一本《穷查理宝典》，约定每月交流理财心得。

财富思维的本质，是教会孩子用“经营者视角”看待人生——小学经营梦想，初中经营见识，高中经营能力，大学经营价值。当每个阶段的成长都被赋予“财富思维”的底色，孩子终将明白：最珍贵的财富不是银行账户的数字，而是持续创造价值的能力。这种能力，才是抵御人生风险的“优质资产”。

03 保持开放，拥抱创新，成就未来

2023年深秋，上海某银行迎来一批手工柜员离职。曾经象征稳定的玻璃柜台后，只留下沉默的智能终端和一个帮助老年人操作的引导员。与此同时，杭州滨江的创业园区里，“95后”女孩正对着镜头调试跨境直播设备，靠海外独立站运营在亚马逊、虾皮（Shopee）等平台月销百万，而团队里没有一个人拥有传统外贸经验。

这是最好的时代，也是最残酷的时代：旧事物在消退中发出叹息，新趋势正奏响尖锐的号角。作为父母，我们留给孩子的不应是温室，而是一双搏风打浪的翅膀，这双翅膀的骨骼，叫作开放；羽毛，叫作创新。

一、旧规则正在失效

1.“铁饭碗”正在生锈氧化

当我们还在羡慕某些稳定的交“五险一金”的工作，深圳某事业单位的朋友已收到转岗通知：“智能审批系统上线后，2/3的岗位将被AI取代。”数据不会说谎：中国灵活就业者已达

8400 万人，相当于德国总人口；日本 65 岁以上仍在工作的老人占比 28%，“退休即养老”成为奢侈品。

老家的表哥曾是国企货车司机，企业自 2019 年开始陷入负增长，2022 年倡议降本增效，车队数量减半，到了 2023 年直接提出“人员优化”，结果表哥和相伴了近 20 年的几个同事被动离职。失业后，表哥买了辆小货车，前期在路边等活儿，后来注册了货运平台，现在带领一个小型车队承包电商物流。他常说：“以前觉得方向盘是铁饭碗，现在才明白，没有绝对的稳定，有份技能才是硬道理。”

2. 你所学的知识正在折旧

打开手机，你会发现：10 年前的爆款 App 早已消失，5 年前的热门专业正在遇冷。麦肯锡预测，到 2030 年，全球 1/3 的劳动者需要转换职业赛道，而这个过程中，知识的半衰期已缩短至 5 年——大学课本里的知识，还没毕业可能就已经老了。

我曾在家长群里发起过一个调查：“有多少父母从事的职业，是自己小学作文里没写过的？”结果 80% 的家长表示目前职业小时候根本没有。从程序员到网红主播，从宠物营养师到数字游民，这些新兴职业像雨后春笋般生长，却从未出现在传统的职业手册里。

3. 稳定工作有可能变成“负资产”

在财商体系里，有人将“稳定工作”定义为“主动收入”——用时间换钱，停止工作就失去收入。但在数字时代，你投入青春维护的岗位，可能突然被算法取代；你依赖的晋升通道，可能因行业转型轰然崩塌。

一位经济学家曾说：“工业时代的社保，本质是用一代人的汗水，养另一代人的晚年。当生育率跌破警戒线，这个金字塔终将倾斜。”与其让孩子在“稳定”的幻觉里沉睡，不如教会他们：唯一不会贬值的资产，是“快速学习新事物”的能力。

二、创新不是冒险，而是新时代的生存

1. 从“被动适应”到“主动重构”：开放心态是第一生存法则

在深圳湾超级总部基地的咖啡馆里，每天都有中年人捧着笔记本学习 AI 绘图。他们曾是程序员、编辑、设计师，现在统一称呼自己为“数字移民”——真正的开放心态，不是容忍新事物，而是主动把自己“格式化”，重新写入新时代的底层代码。

我的学生家长李姐，45 岁从零开始学短视频运营。她的第一条视频只有 7 个点赞，现在却能单条视频带货 50 万元。她的手机备忘录里写着：“每天删除一个旧认知，比如‘直播是年轻人的专利’；每天植入一个新观念，比如‘50 岁也能成为知识主播’。”

2. 创造财富的底层逻辑：从“线性增长”到“指数爆发”

工业时代的财富积累是“加法”：上班赚钱、存钱买房、退休养老。但在数字时代，财富增长是“乘法”：一个爆款短视频能带来百万收益，一个专利技术能孵化出千亿企业，一个创新模式能颠覆整个行业。不要用每天赚多少钱衡量价值，而要思考：你的所作所为，能否像滚雪球一样，越滚越大。

3. 贵人不在别处，在你自己的价值里

传统成功学总教人“攀附贵人”，但硅谷投资人纳瓦尔早就看透本质：“你若盛开，蝴蝶自来。但前提是你得让自己成为一朵不断进化的花。”当孩子学会用Python分析数据、用Midjourney设计插画、ChatGPT、DeepSeek、豆包等大模型随意切换灵活运用，他们就在提早构建自己的“价值场”。

我在一个青少年创新营见过一个初中生，他用三个月拆解了100个网红账号，总结出“知识分享类视频的爆款公式”。当他把分析报告分享到微博后，主动联系他的MCN机构多达20家——所谓贵人，不过是你价值外溢时，自然吸引的同频者。

三、培养开放创新思维：给孩子装上“反脆弱”系统

1. 从“这个我不懂”到“让我重新定义”

打破认知壁垒的第一步，是教会孩子对“不懂”说“谢谢”——感谢这个未知领域，给了自己一次升级的机会。

5%突破法：每天接触1个陌生领域的信息，比如区块链、元宇宙、脑机接口，不必精通，只需建立“认知接口”。

反向思考法：当孩子抱怨“AI抢走了工作”时，引导他想：“AI创造了哪些新工作？我们如何成为AI的主人，而非奴隶？”

在一次家庭辩论会上，我和女儿讨论“ChatGPT能否取代作家”。她最后得出结论：“ChatGPT能写文章，但写不出《哈利·波特》的魔幻向往，写不出《活着》的人类情感体验，AI永远有

AI 的盲区。”在我看来，这种思维突破，比记住十个知识点更有价值。

2. 用“问题思维”替代“答案思维”

传统教育给孩子装满了“标准答案”，而新时代需要的是“优质问题”。

就像苏格拉底式的追问能撬动认知边界，当孩子面对新趋势时，不妨引导他们思考：“这个现象违背了哪些旧规律”“如果彻底推翻现有框架，会诞生什么新可能”。这种提问如同思维的手术刀，能剖开表象直抵本质。而极限假设法更能激发突破性思考：“假设明天货币体系崩塌，我们该用什么存储价值”“如果 AI 能满足所有物质需求，人类生存的意义该如何重构”等。这些问题看似遥远，却能帮孩子跳出惯性思维，在极端情境中淬炼出适应不确定性的认知能力——毕竟未来社会从不缺乏执行标准答案的人，真正稀缺的是能提出优质问题、定义新规则的破局者。

四、自由人生的终极真相：不是躺平，而是“主动选择的资格”

1. 财务自由的本质：从“赚钱机器”到“价值主人”

很多人误解财务自由是“有钱后随便花”，但真正的自由是“有底气对不喜欢的生活说不”。这种自由，建立在“持续创造价值”的基础上，当孩子学会用知识变现、用资产增值、用杠杆放大价值，他们就不再受制于金钱，而成为价值的主人。

2. 开放创新的终极境界：在混沌中建立新秩序

人类历史上，每次技术革命都会创造比摧毁更多的机会，就像智能手机颠覆了相机、MP3、导航仪，却催生了短视频、移动支付、共享经济。真正的开放创新，不是对新事物的全盘接受，而是在新旧碰撞中，找到属于自己的生存坐标系。

3. 给孩子的终身契约：做“永远未完成”的人

作为父母，我们能赠予孩子最珍贵的礼物，是一份镌刻着信任与陪伴的“终身成长契约”。首先，赋予孩子试错的权利，每年划出一定限额的“创新基金”，即便资金可能“打水漂”，也要让孩子在试错中收获敢于突破的勇气；其次，许下共同成长的承诺，每隔一段时间努力与孩子一起解锁一项新技能，用实际行动证明开放创新并非孩子的专属，而是全家人共同奔赴的成长旅程；最后，准备一份价值传承的礼物，在孩子成年时附上一张纸条：“爸爸妈妈不执着于你的成功，只愿你对世界永远保持好奇——这是比财富更宝贵的精神遗产。”这份契约的核心，是让孩子在试错中建构勇气，在陪伴中感知成长，在传承中锚定生命的温度，最终成长为永远向世界敞开的鲜活个体。

前段时间出差去一趟上海，走在黄浦江畔，看着对岸迅速崛起的 AI 产业园，我想起《人类简史》中的核心观点：智人之所以统治世界，不是因为更强壮，而是更愿意相信“想象的共同体”，货币、国家、科学都是人类共同编织的故事。如今，我们正在编织新的故事：区块链、元宇宙、大模型、脑机接口、仿生机器人，每个新故事都在重构世界的底层逻辑。

当我们教会孩子用开放心态接纳新故事，用创新思维创造新故事，就是在赋予他们“改写命运剧本”的能力。这种能力，能让他们在 AI 取代流水线工人时，成为算法的设计者；在全球化退潮时，搭建属于自己的数字方舟；在不确定性成为生活底色时，始终怀揣“推倒重来”的勇气。

愿我们的孩子都能锻造出这般强悍的生命韧性，像破土而出的嫩芽穿透时代岩层，似扬帆远航的舟楫穿越迷雾重洋，最终在认知迭代与世界变迁中，抵达由内而外的真正自由：那是一种不被标准答案束缚的思维自由，一种不被既有框架定义的创造自由，一种永远能与自己、与世界重新谈判的人身自由。

04 了解孩子的气质类型，懂比爱更重要

在家庭教育的漫长旅程中，无数家长怀揣着深厚的爱意与殷切的期望，精心规划孩子的成长路径。然而，现实常常让他们陷入困惑与迷茫：为什么同样是严格督促学习，有的孩子成绩突飞猛进，有的却愈发抵触？为什么苦口婆心的教导，在孩子那里却成了耳边风？这些教育困境的答案，指向一个关键认知——懂孩子，比单纯给予爱更为重要。每个孩子都是独一无二的个体，只有深入了解孩子的气质类型，才能真正做到因材施教，让教育如春风化雨般走进孩子的内心。

人格的构成如同复杂精妙的拼图，由天生气质与后天影响两部分紧密结合而成。天生气质是孩子与生俱来的性格底色，它并非简单的遗传复制。遗传更多体现在外貌特征等生理方面，比如孩子的眼睛形状、鼻子轮廓可能像父母，但天生气质却是独特的性格倾向。即便父母性格相似，孩子的气质也可能截然不同。

生活中，我们经常看到这样的例子：同一对父母养育的两个孩子，哥哥活泼好动，总是充满奇思妙想，像个小探险家；妹妹却安静沉稳，喜欢沉浸在自己的小世界里阅读思考。这种差异并

非偶然，而是天生气质在发挥作用，它从孩子出生便如影随形，相对稳定且独特。

在后天影响的诸多因素中，原生家庭的作用无可替代且尤为关键。孩子年幼时，如同一张等待书写的白纸，家庭则是最初的执笔人。父母的言行举止、家庭氛围的温馨与否、教育方式的严厉或宽松，都会在孩子的成长过程中留下深刻印记。孩子会不自觉地模仿父母的处事方式，家庭中的每一次对话、每一个决定，都潜移默化地塑造着孩子的认知模式、行为习惯和价值观念。等孩子逐渐长大，会受到学校教育、朋友交往、媒体信息等因素影响，但原生家庭带来的影响早已深深烙印在孩子心中，成为他们看待世界、应对问题的底层逻辑，是他们成长道路上难以磨灭的底色。

有些家长难免心生疑惑：孩子的天生气质是遗传自父母吗？事实上，天生气质与遗传有着本质区别。遗传遵循生物学规律，通过基因传递外貌、生理特征等信息；而天生气质更像是生命赋予个体的独特密码，决定着孩子对外界事物的感知、反应和行为方式。就像自然界中没有两片完全相同的叶子，每个孩子从呱呱坠地起，就拥有独一无二的气质。这种气质不随家庭环境、教育方式的改变而轻易消失，它是孩子独特个性的重要组成部分。

气质与习惯联系紧密。为了让家长更直观地感受二者的联系，我们不妨做一个简单的双手交叉实验：请伸出双手，将手指自然打开后交叉合起来，留意此时是左手大拇指在上还是右手大拇指在上。接着，交换大拇指的上下位置，重新交叉双手。是不是瞬间感觉有些别扭、不习惯？这个小小的动作差异，生动体现了人与人之间习惯的不同。而习惯与气质息息相关，习惯一旦养成，改变并非易事，气质亦是如此，这也就是我们常说的“江山易改，本性难移”。不过，“本性难移”并非“本性不能移”，在强大的动力和坚定的决心驱使下，气质也能实现一定程度的调整和优化。就像恋爱中的人们，为了赢得对方的好感，愿意努力改变自己的一些不良习惯和行为；只是婚后，当这种改变的动力逐渐消退，部分人又恢复原样。这也提醒我们，在教育孩子时，要善于激发他们改变的内在动力。

在教育孩子的过程中，顺应其气质发展是教育成功的重要秘诀。以学习钢琴为例，对于热爱音乐、具有艺术气质的孩子来说，坐在钢琴前弹奏是一种无与伦比的享受。他们能沉浸在音符的世界中，一坐就是一下午，感受旋律的美妙，不觉得丝毫疲惫，反而乐在其中；而对于不具备这种气质的孩子，学钢琴则可能成为一场痛苦的煎熬。他们难以从弹奏中获得乐趣，不仅感受不到音乐的魅力，还容易因反复练习、达不到要求而与父母产生矛盾，甚至对各种兴趣班都只有三分钟热度，难以坚持下去。这就如同让鱼儿在陆地上奔跑，让鸟儿在水中畅游，违背天性的教育不仅无法发挥孩子的潜力，还可能适得其反，打击孩子的自信心和学习热情。

气质的分类方式丰富多样，从古老的希腊医学到现代前沿的心理学，不同学科领域有着各自的划分方法。为了便于家长理解和在家庭教育中运用，我们将其简化为四大类：活泼型、完美型、力量型、和平型。这四种气质类型并无优劣之分，每种类型都拥有独特的闪光点，也存在潜在的不足，关键在于家长要学会观察、理解，采用合适的方式引导和培养，让孩子的优势得以发挥，不足逐步改善。

活泼型的孩子如同散发着温暖光芒的小太阳，浑身充满热情与活力。他们性格开朗外向，是天生的社交达人，喜欢成为众人瞩目的焦点。无论是在学校课堂上举手发言，还是在生活中与邻居小伙伴分享趣事，他们都乐于表达自己的想法。他们擅长用丰富的表情、夸张的语言和生动的肢体动作吸引他人注意，并能迅速成为人群中的核心。在集体活动里，他们是当之无愧的“气氛担当”，能敏锐捕捉到大家的兴趣点，主动发起游戏、组织活动，凭借出色的社交能力，很快和小伙伴们打成一片。然而，这类孩子的注意力就像夏日的蜻蜓，容易分散，做事往往缺乏耐心。他们的兴趣爱好常常如走马灯般变换，今天对色彩斑斓的画画充满热情，拿起画笔创作一番；明天可能就被灵活多变的手工吸引，专注于制作各种小物件；后天又对动感十足的舞蹈产生兴趣，跟着音乐舞动起来。

完美型的孩子堪称“细节控”的典范，他们对待任何事情都秉持严谨认真的态度，追求尽善尽美。在学习上，写作业时他们会逐字逐句检查书写是否工整、答案是否准确，哪怕一个标点符号用错，也要仔细修改过来；参加比赛时，他们一心想要摘得桂冠，对自己要求极高。他们思维缜密，逻辑清晰，习惯在行动前制订详细周全的计划，然后按照步骤有条不紊地推进，力求把每一个环节都做到极致。但也正因对自己和事物的高要求，他们内心相对敏感脆弱，对批评和指责的承受能力较弱。一旦表现未达到自己或他人的预期，就容易陷入自我怀疑和沮丧的情绪漩涡中，甚至可能因为害怕犯错而在面对新事物、新挑战时，产生退缩心理，不敢轻易尝试。

力量型的孩子仿佛自带“小领导”的光环，自信果断、目标明确。他们坚信“办法总比困难多”，遇到问题时，展现出超乎常人的勇气和魄力，不会轻易退缩，而是积极主动地寻找解决方案，并立刻付诸行动。在团队中，他们有着强烈的主导意识，喜欢掌控事情的走向，敢于大胆发表自己的观点。凭借较强的组织和决策能力，他们能够带领小伙伴高效完成任务，在关键时刻发挥关键作用。不过，有时他们过于相信自己的判断，表现得过于强势，听不进他人的意见和建议。在与他人合作时，可能会因为急于达成目标，而不经意间忽略身边人的感受，从而引发矛盾和冲突。

和平型的孩子性格温和安静，如同平静深邃的湖水，总能保持沉稳淡定的心态。在人际交往中，他们不喜欢争抢，更愿意充当调和者的角色。当身边出现冲突和矛盾时，他们会主动站出来，用温和的语言、包容的态度化解纷争，希望大家都能和睦相处。他们随和顺从，乐于配合他人的安排，是集体中不可或缺的“润滑剂”，也是值得信赖的团队成员。但和平型的孩子往往主动性和积极性相对较弱，习惯被动接受安排。在面临选择时，常常犹豫不决，思前想后难以快速做出决定，需要他人给予更多的鼓励和引导，才能勇敢迈出第一步。

了解孩子的气质类型，对家庭教育有着不可估量的深远意义。它就像一把神奇的钥匙，能帮助家长打开理解孩子的大门，更好地洞察孩子行为背后的真正原因，从而减少误解和冲突。

当活泼型的孩子在课堂上坐不住、注意力不集中时，家长不会一味指责孩子不专心，而是明白这是其天性使然，进而通过设计有趣的游戏和活动，帮助孩子培养专注力；当完美型的孩子因一次考试失利而情绪低落、自责不已时，家长能给予理解和安慰，引导他们正确看待失败，减轻因过度追求完美而产生的压力；当力量型的孩子坚持己见、不听劝告时，家长也能明白这是其性格特点，从而调整沟通方式，以平等、尊重的态度与孩子交流，教导他们学会倾听；当和平型的孩子选择兴趣班犹豫不决，迟迟无法做决定时，家长能耐心引导，鼓励他们勇敢表达内心的想法，而不是急于替孩子做决定。

在此基础上，家长可以根据孩子的气质类型，量身定制个性化的教育方式。对于活泼型的孩子，要为他们提供充分的表达和展示机会，满足他们渴望关注的心理需求。同时，通过一些需要专注完成的活动，如拼图、搭建积木等，帮助他们培养专注力和坚持性，逐步延长专注做事的时间；面对完美型的孩子，家长要多给予鼓励和肯定，及时发现他们的努力和进步，帮助他们建立自信。在日常生活中，引导他们学会接受不完美，明白“尽力就好”的道理，减轻心理负担；针对力量型的孩子，要尊重他们的想法和决定，给予他们一定的自主权，同时，创造团队合作的机会，教导他们学会倾听和尊重他人的意见，培养良好的团队合作意识；而对于和平型的孩子，家长需要给予更多的关注和鼓励，主动创造机会让他们表达想法和需求。在面临选择时，耐心引导他们分析利弊，帮助他们逐渐增强自主决策的能力，激发内在的主动性。

此外，深入了解孩子的气质类型，还能让家长在孩子成长过程中，精准发掘其潜力，助力孩子发展优势。活泼型孩子出色的社交能力，未来可能让他们在人际沟通、组织协调等领域大放异彩；完美型孩子严谨认真的态度，适合在需要细致专注的工作中发挥特长；力量型孩子的领导才能，有望在团队管理、项目推进等方面崭露头角；和平型孩子优秀的协调能力，则在团队合作、矛盾调解等场景中能发挥重要作用。

这些都是孩子未来发展的宝贵财富，家长可以为孩子创造合适的环境和机会，如参加社团活动、参与实践项目等，让这些优势得到充分发挥，帮助孩子在成长道路上绽放独特光芒，最终成长为优秀而卓越的自己。